乙未贺岁 2015

人民美术出版社

图书在版编目（CIP）数据

乙未贺岁 / 人民美术出版社编. -- 北京：人民美术出版社，2014.12
ISBN 978-7-102-07091-9

Ⅰ.①乙… Ⅱ.①人… Ⅲ.①十二生肖-介绍 Ⅳ.①K892.21

中国版本图书馆CIP数据核字(2014)第306283号

乙未贺岁

编辑出版	人民美术出版社
	（北京北总布胡同32号　100735）
	www.renmei.com.cn
责任编辑	刘士忠
特约编辑	杨松霖
封面设计	胡建斌
版式设计	李　巍
封面题字	熊伯齐
校　　对	李　乘
责任印制	文燕军
制版印刷	北京燕泰美术制版印刷有限责任公司
总 经 销	人民美术出版社发行部

版　次　2015年1月第1版　第1次印刷
开　本　787毫米×1092毫米　1/16　印张 15
印　数　0001—1800
ISBN 978-7-102-07091-9
定　价　198.00元

十二生肖羊 剪纸 河北蔚县

三羊开泰 马到成功

　　砖雕

　　亳州市博物馆藏

　　此件砖雕位于亳州大关帝庙正门左上侧,在横卷式的画面上雕出三只羊和一匹骏马,羊或行或止,姿态各异,骏马奔腾于拱桥边,空中升起一轮红日,应谐音"三阳开泰"、"马到成功"之意。三阳开泰见于《易经》,正月为泰卦,三阳生于下,取其冬去春来、阴消阳长,为吉祥之象。故旧日新年春联有"三阳开泰,日新惟良"之语。这件砖雕题材吉祥,雕镂精细,构图疏密有致,画面上展现出一派生机勃勃的景象。

三羊开泰
清代
任伯年作

目 录

羊的习俗

十二生肖年表 · 2
十二生肖风筝 · 4
三阳开泰　万事亨通 / 薄松年 · 6
生肖羊 / 何阿君 · 10
黄羊祭灶 / 李英儒 · 16
三羊开泰 / 吴裕成 · 18

羊与民俗 / 何阿君 · 22
送羊 / 晓梧 · 26
羊神崇拜 / 何阿君 · 30
食羊习俗 / 晓梧 · 46
属羊的性别歧视 / 吴裕成 · 48
游艺娱乐习俗中的羊 / 何阿君 · 50

羊年话羊

羊年话羊 / 刘孝存 · 54
未羊的生肖邮票 · 68
"白石道人" / 吴裕成 · 78
獬豸神羊 / 吴裕成 · 82
未日种羊 / 吴裕成 · 86

中国古代艺术作品中的"羊"/林承琳 ························ 88
羊的食文化/何阿君 ······································ 92
羊的世界 ·· 100
羊景名胜 ·· 106
羊的故事 ·· 110

三羊开泰

"羊"的绘画 ·· 116
"羊"的雕塑 ·· 136
"羊"的篆刻 ·· 152
"羊"的年画 ·· 154
"羊"的玩具 ·· 158
"羊"的剪纸 ·· 162
"羊"的火花 ·· 168

"羊"的磁卡 ·· 174
"羊"的票券 ·· 180
"羊"的古代纹饰 ·· 186
"羊"的卡通 ·· 192
"羊"的图案 ·· 196

附 记

20世纪羊年大事记 ······································ 200
羊年出生的中外名人 ···································· 216
编后记/吴本华 ··· 228

羊的习俗

十二生肖年表

子鼠		中国夏历戊子年　公元1948年02月10日——1949年01月28日 中国夏历庚子年　公元1960年01月28日——1961年02月14日 中国夏历壬子年　公元1972年02月15日——1973年02月02日 中国夏历甲子年　公元1984年02月02日——1985年02月19日 中国夏历丙子年　公元1996年02月19日——1997年02月06日
丑牛		中国夏历己丑年　公元1949年01月29日——1950年02月16日 中国夏历辛丑年　公元1961年02月15日——1962年02月04日 中国夏历癸丑年　公元1973年02月03日——1974年01月22日 中国夏历乙丑年　公元1985年02月20日——1986年02月08日 中国夏历丁丑年　公元1997年02月07日——1998年01月27日
寅虎		中国夏历庚寅年　公元1950年02月17日——1951年02月05日 中国夏历壬寅年　公元1962年02月05日——1963年01月24日 中国夏历甲寅年　公元1974年01月23日——1975年02月10日 中国夏历丙寅年　公元1986年02月09日——1987年01月28日 中国夏历戊寅年　公元1998年01月28日——1999年02月15日
卯兔		中国夏历辛卯年　公元1951年02月06日——1952年01月26日 中国夏历癸卯年　公元1963年01月25日——1964年02月12日 中国夏历乙卯年　公元1975年02月11日——1976年01月30日 中国夏历丁卯年　公元1987年01月29日——1988年02月16日 中国夏历己卯年　公元1999年02月16日——2000年02月04日
辰龙		中国夏历壬辰年　公元1952年01月27日——1953年02月13日 中国夏历甲辰年　公元1964年02月13日——1965年02月01日 中国夏历丙辰年　公元1976年01月31日——1977年02月17日 中国夏历戊辰年　公元1988年02月17日——1989年02月05日 中国夏历庚辰年　公元2000年02月05日——2001年01月23日
巳蛇		中国夏历癸巳年　公元1953年02月14日——1954年02月02日 中国夏历乙巳年　公元1965年02月02日——1966年01月20日 中国夏历丁巳年　公元1977年02月18日——1978年02月06日 中国夏历己巳年　公元1989年02月06日——1990年01月26日 中国夏历辛巳年　公元2001年01月24日——2002年02月11日

十二生肖年表

中国夏历壬午年　公元1942年02月15日——1943年02月04日 中国夏历甲午年　公元1954年02月03日——1955年01月23日 中国夏历丙午年　公元1966年01月21日——1967年02月08日 中国夏历戊午年　公元1978年02月07日——1979年01月27日 中国夏历庚午年　公元1990年01月27日——1991年02月14日		午马
中国夏历癸未年　公元1943年02月05日——1944年01月24日 中国夏历乙未年　公元1955年01月24日——1956年02月11日 中国夏历丁未年　公元1967年02月09日——1968年01月29日 中国夏历己未年　公元1979年01月28日——1980年02月15日 中国夏历辛未年　公元1991年02月15日——1992年02月03日		未羊
中国夏历甲申年　公元1944年01月25日——1945年02月12日 中国夏历丙申年　公元1956年02月12日——1957年01月30日 中国夏历戊申年　公元1968年01月30日——1969年02月16日 中国夏历庚申年　公元1980年02月16日——1981年02月04日 中国夏历壬申年　公元1992年02月04日——1993年01月22日		申猴
中国夏历乙酉年　公元1945年02月13日——1946年02月01日 中国夏历丁酉年　公元1957年01月31日——1958年02月17日 中国夏历己酉年　公元1969年02月17日——1970年02月05日 中国夏历辛酉年　公元1981年02月05日——1982年01月24日 中国夏历癸酉年　公元1993年01月23日——1994年02月09日		酉鸡
中国夏历丙戌年　公元1946年02月02日——1947年02月20日 中国夏历戊戌年　公元1958年02月18日——1959年02月07日 中国夏历庚戌年　公元1970年02月06日——1971年01月26日 中国夏历壬戌年　公元1982年01月25日——1983年02月12日 中国夏历甲戌年　公元1994年02月10日——1995年01月30日		戌狗
中国夏历丁亥年　公元1947年02月21日——1948年02月09日 中国夏历己亥年　公元1959年02月08日——1960年01月27日 中国夏历辛亥年　公元1971年01月27日——1972年02月14日 中国夏历癸亥年　公元1983年02月13日——1984年02月01日 中国夏历乙亥年　公元1995年01月31日——1996年02月18日		亥猪

十二生肖风筝

山东潍坊

子鼠

丑牛

寅虎

卯兔

三阳开泰　万事亨通

薄松年

陶卧羊　汉代　山东济南汉墓出土

羊为"六畜"之一，远在原始社会的新石器时代，当人们懂得从事畜牧以后，就开始和人类结下密不可分的关系，从考古发掘可知，新石器时代的中晚期南北各地的文化遗址中，都有不同数量的家羊骨骼出现，寓示对羊的饲养逐渐普遍。羊性格敦厚却外柔而内刚，山羊的状貌双角上竖，项下长须低垂，虽体量不大却相貌堂堂，具有安稳庄重的风度。其肉可食，其皮可衣，其角可入药，它吃的是普通的野草，却为人们生活作出不小贡献，特别在游牧民族中羊几乎是代表其财产的多少。

古代"羊"与"祥"两字相通，"祥"字从"羊"，寓意吉祥、祥和，羊很早就被赋予美好含义，商周有的青铜礼器上就以羊的形象为装饰，如商代四羊方尊、双羊尊、三羊尊、四羊瓿等，或以羊身组合为器形，或在器物上装饰以羊头，成功的设计和造型，观之感到非常亲切华美，特别是湖南宁乡出土的四羊方尊，高达58.3厘米，重有34.5公斤，

器口四面张开，腹部四角以立雕形式各铸造出一羊，羊头犄角卷出，神态安详，四脚挺立，四羊躯体连接，形成铜尊腹部，将动物形象与器形巧妙结合起来，设计颇具巧思，铸造极为精巧，整体感觉和那些带有威慑神秘气息的饕餮（或称兽头）纹的器物迥然不同，是商代青铜器中的典范之作。

古代民俗中认为羊有辟邪迓福消灾避祸的作用，裴玄《新言》中谓："初年悬羊头磔鸡头以求富"，在考古发掘的汉代墓室中有的在墓门的门额上方画或雕出羊头作为吉祥的表征，河南洛阳烧沟61号汉墓中绘有日月天象

羊头　西汉　河南洛阳烧沟61号汉墓出土

三羊开泰　汉画像石　山东滕县出土

和驱邪打鬼的形象,在墓内门的横梁上画有神虎吃旱魃的图象,而在其上方彩塑出羊头,将驱邪与降福合在一起表现。有些画像石墓的横额上也浮雕出羊头的形象,在其周围还点缀着龙凤等吉祥物。直到近代某些地区犹残存有悬挂羊头的俗尚。羊被视为祥瑞的动物受到尊崇,传说周代时曾有身着五彩衣的五位神人牵着五头口衔稻穗的仙羊降临广州,从此年年丰收,稻穗飘香,成为岭南的富庶之区,因而广州获得了"五羊城"的美誉,岭南派画家苏六朋曾以此传说创作了《五羊仙人图》。人们对羊的赞赏喜爱使羊的形象在古代器物中频频出现,汉代铜器和瓦当上有"大吉羊"的字样,即"大吉祥"。河北满城中山王刘胜墓中出土的羊形铜灯巧妙地将羊背翻上构成油灯碗,结构新颖

而巧妙,汉墓的明器中出现的陶羊多作卧形,安驯而温顺,塑造上体现出相当的写实水平,魏晋时期的青瓷羊形器更堪称是工艺美术中的精品。

古代儒家思想中讲求天人合一的观念,对羊的性格和行为赋以很高的道德评价。汉代董仲舒谓羊有好仁义、知礼的美德,特别是羊羔吃奶时必跪于母羊之下,成为至孝的品格。所以唐宋坟墓前的石刻中已有羊形排列其中。河南巩义北宋皇陵中的石羊作卧态,表现出驯良的性格,和石狮等石兽形成鲜明对比。正因为羊为孝义之兽,旧时长辈常以羊羔跪乳的事例,对晚辈灌输应恪尽孝道的观念。冀南豫北有些地区流行着农历六、七月间舅舅给外甥送面羊的风俗。用面塑成羊形及各种花样作为礼物,以艺术形象为媒介,从中进行伦理道德的教育,发扬中华民族的美德,对青少年思想发展有着无形的感染和启迪作用。民间泥、陶彩塑和草编玩具中的羊形除了塑造动物温和善良之美外,有的也寓有道德质量的宣扬成分。

"羊"与"阳"谐音,在传统观念中与阴相对应,古人认为阳具有阳刚、积极向上发展成长的意义。《易经》中的泰卦为乾上坤下,乾为阳,坤为阴,乾象征天,坤象征地,地重而下降,天轻而上升,天地交合,成为阴阳沟

青铜羊灯　西汉　河北满城刘胜墓出土

通的安泰现象，从卦象上看三阳生于下，阴消阳长，取其冬去春来，万物萌生，是吉祥亨通之象，故有"三阳开泰"之说，成为对新春佳节幸福昌运的祝颂。民间美术中多以三只羊象征三阳，以一轮太阳表示开泰之吉兆，这种形象广泛见于剪纸、刺绣、砖雕、木雕及年画之中。现存元代的一幅佚名画家所作《三阳开泰图》中表现一位放牧的少年手拿花草，三只不同花色形貌的羊群聚其前，背景衬以繁花似锦的梅树，树上小鸟成双，显现出一片美好祥和的图景。民间刺绣花样中的《三阳开泰图》中将羊群布置在湖石垂柳之间，空中显现出太阳和祥云，在有限的方形画面中简洁地营造出优美吉祥的图像。

以前北方还有在冬至节悬挂消寒图及"绵羊太子"图画的风俗活动，冬至是古代最隆重的传统节日之一。在北方地区是日进入一年中最寒冷的季节。日影最长，白昼最短，寒风凛冽，大雪纷飞，滴水成冰，但冬至以后白日渐长，逐日阴衰阳盛，古代称冬至的十一月为一阳生，十二月为二阳生，正月则有三阳开泰之意，因此，冬至节在寒冷中孕育着春天的将临。从冬至开始以九天为一单位进入"数九"，待到九九八十一天后则是春暖花开的艳阳天。台北故宫博物院藏宋画《绵羊太子图》就是在一幅画上画有八十一只羊，正中有一盛装骑羊的少年，寓意九九阴消阳长，是应节的吉祥图画。

在古代绘画中有不少涉及羊的形象的作品，宋代陈居中《四羊图》生动的表现了山羊相互抵斗游戏的情景。在长有树木的坡陀下，三只小山羊互相打闹玩耍，一只小羊用头抵顶另一只小羊后尾，使被抵的小羊前身竖起，山

绵羊太子图　宋代

龙女牧羊　清代　任伯年作

坡上一只黑色山羊正驻足观察，动静对比，更显得活泼有趣。陈居中为南宋画家，曾在宫廷供职，擅长画人物故事，此图显示了他在花鸟畜兽方面的才能。

元代赵孟頫《二羊图卷》画一只山羊低头似为吃草状，另一只绵羊昂首瞻望，山羊张口睁目犄角竖立尾巴上翘，十分传神，画家用流畅自然的细笔画出直长而蓬松的羊毛，显示出高超的笔墨功力。昂首而立的绵羊前肢挺直，羊角卷曲，躯体肥硕，侧首观望，卷而短的羊毛带有光泽。因此完全用水墨画出，混身显出花斑之状，颇有神采。此图不画背景，却耐人寻味。此图系应人求画乘兴而作，画家题语中谓："余尝画马，未尝画羊，因仲信求画，余故戏为写生，虽不能逼近古人，颇于气韵有得"赵孟頫虽未画过羊，画来却能神形兼备。

晚清时上海名画家任伯年以唐人传奇《柳毅传》为题材画过多幅《龙女牧羊》，表现洞庭龙王之女出嫁后受丈夫欺凌而牧羊，恰遇柳毅为其传信到洞庭，终于被解救得到自由。任伯年笔下的牧羊龙女形象美丽、衣着朴素、手执羊鞭，凝神伫立、若有所待，鲜明地塑造出不甘任人欺凌、追求自由幸福的女性形象。

古代绘画作品中最为流行的是苏武牧羊。西汉武帝时，苏武奉命出使匈奴时被扣留，匈奴王迫使他投降，苏武坚决不屈，被迁往北海（今贝加尔湖一带）放羊，他留匈十九载持节不屈，后终于返回汉室。苏武成为坚守民族气节的典范，清末上海画家任伯年在光绪年间曾画过多幅苏武牧羊图，表现形貌憔悴而性格坚毅的苏武手持节旄与羊为伍，在清末外侮不断、民族危难重重的年代，画家当寓有深意。苏武的形象也多见于小型案卷陈设的雕塑作品之中，尝见一件浙江东阳木雕，表现持节的苏武头戴风帽，脸上布满皱纹，颔下长髯，显得苍老但神色竖韧，三羊或卧或立，齐聚于苏武身前，挺然站立的苏武与羊组成三角形的画面，苏武的厚重长袍衣纹下垂，更增添了稳定感，加强了对苏武品格的刻画。清代画家华新罗及黄慎也都画过苏武牧羊，艺术上各有特色。

民间剪纸和刺绣作品在有大量羊的形象，制作上或纤美，或粗犷古朴，有的配以吉祥图案，有的点染艳丽的色彩，不同地区各有特色，体现了群众的智慧和艺术才能。

娃娃骑羊　剪纸　山东高密

生肖羊

何阿君

生肖羊　北京白云观

生肖文化信仰在中国的影响是巨大的、广泛的。每个来到这个世界上的中国人都有一个生肖，生肖会伴随我们一生，有时甚至对我们的心理和行为产生影响。那么，生肖是什么呢？

古代中国人用十干、十二支搭配纪年，六十年一轮回。又将鼠牛等十二种动物和十二支一一对应起来，形成子鼠、丑牛、寅虎、卯兔、辰龙、巳蛇、午马、未羊、申猴、酉鸡、戌狗、亥猪，以此纪人生年，十二年一循环。这十二种动物就是十二生肖，亦称十二属相。出生于哪一生肖年的人，则属那一生肖。据前蜀人冯鉴《续事始》，十二生肖出自华夏始祖——轩辕黄帝的创造；从王充《论衡》可知，西汉时，生肖习俗已十分盛行。

用动物纪人生年是一种奇特的文化现象，这种纪年法起源于远古的动物图腾。这从人与生肖动物存在的"肖"与"属"的关系可知。肖者，似也；属者，连也。谁属哪种属相，谁就像那种动物，与这种动物有着一定的联系，这是民间普遍的认识。人们把自己的生肖年当作"本命年"，把所属的生肖当作自己的"本命神"加以保护，《月令广义》云："父母生肖并本身生肖之肉，如猪羊牛鸡等物皆宜忌。"清代梁绍壬《两般秋雨庵随笔》记："宋徽宗崇宁间，范致虚为谏议，谓'上生壬戌，于生肖属犬，人间不宜杀犬。'"这种将人与所属生肖视为一体的认识和图腾崇拜之认为动物与氏族有某种血缘关系是一脉相承的。因此，我们可以说生肖纪年是远古动物图腾的遗存。

社会的发展、科学技术的进步使人们对动物的了解越来越多，研究也越来越深入。1997年2月27日，英国爱丁堡罗斯林研究所的科学家宣布，他们在7个月前利用无性繁殖方法即"克隆"(Clone)法成功地培育出世界上第一只没有母亲没有父亲的小绵羊多利。此前，中国、美国等国的科学家也曾"克隆"出一些牛、羊、猴、兔等动物，不过，技术难度没有

十二生肖羊　剪纸

生肖羊

十二辰·羊　彩塑　元代　山西省晋城市玉皇庙

英国科学家的那么高,因而没有造成轰动。英国科学家培育的"克隆羊"震惊了世界,其轰动效应不亚于一颗原子弹的爆炸。"克隆羊"的诞生标志着人类在生物工程、遗传学等方面的巨大成就。而从社会学的角度看,人与动物的关系变得简单了,不是吗?复制一只活生生的羊在以前是不可企及的仙话、神话,现在却可以实现,虽然它还没有像复制一张羊的图画那么容易。按理说,随着对动物的了解以及对世界的征服,人类应变得更加唯我独尊才是。也就是说,将人与动物用肖或属的关系连在一起的生肖文化似已没有存在的必要了。而事实并不是这样,生肖文化几千年前就已存在,现在也并没有因科学的发展、"克隆羊"的诞生而有所改变。相反,从"克隆羊"身上,我们倒感到了人与羊、人与动物的密切关系。在人类还没有驯化羊以前,羊已是原始先民主要的衣食之源了,这从狩猎时代大量的猎羊岩画中可以了解。大约一万年前,人类驯化了山羊和绵羊,从此,羊与人类相伴相生直到今天,羊不仅在人类的物质生活方面占有相当重要的地位,同时与人类精神生活也存在着密切的关系,许多国家和地区都有有关羊的神话、传说、故事及风俗、习惯,羊常被人们赋予某种特殊的意义,羊文化渗透人们生活的方方面面。十二生肖动物中有羊正是基于人与羊的密切关系。除中国外,古巴比伦、印度、希腊、埃及等国也都有以动物纪年、纪日的习俗,所用的动物与中国有一些不同,但其中羊、牛等与人类生活密切相关的动物是各国都有的。

对于人人都有一个的这十二种生肖动物,人们的情感却是不一样的,评价是有褒有贬的。比如对鼠是贬多褒少,对牛是褒贬参半,对龙则褒多而贬少……人们对羊的感情可以说

"多利羊之父"伊恩·威尔默特与克隆羊多利

彩塑十二生肖羊俑　唐代　陕西历史博物馆藏

没有哪一种能像羊这样具有如此多的美好的象征意义。然而，另一方面，羊却又是软弱、胆小、受欺的代名词，是可怜的替罪羊。民间有"眼露四白，五夫守宅"的说法，而羊眼被认为是"露四白"的，于是，属羊的女子不管是否"眼露四白"，一律被认为是不吉的，婚后定克死其夫而寡居，民间有谚曰："女子属羊守空房"，又有"男属羊，黄金堆万两，出门不必带口粮；女属羊，命根硬，克夫克爹又克娘"、"十羊九不全"等。

对于这种将属相划分为优与劣的荒谬做法，古人早就有过嘲讽与反驳。清代李汝珍在其小说《镜花缘》第十二回中有这样一段话："尤可笑的，俗传女命北以属羊为劣，南以属虎为凶。其说不知何意？至今相沿，殊不可解。人值未年而生，何至比之于羊？寅年而生，又何至变为虎？且世间惧内之人，未必皆系属虎之妇。况鼠好偷窃，蛇最阴毒，那属鼠、属蛇的，岂皆偷窃、阴毒之辈？龙为四灵之一，自然莫贵于此，岂辰年所生，都是贵命？此皆愚民无知，造此谬论，往往读书人亦染此风，殊为可笑。"

汉代将阴阳五行观念引入生肖纪年中，十二

生肖羊

十二生肖羊俑　唐代

是最复杂的。一方面，羊代表吉祥、善良、美好。古时"羊"与"祥"是相通的，"善"与"美"的本义也均与羊有关。汉代董仲舒《春秋繁露·执贽》中的一段话对羊进行了最好的赞美："羔有角而不任，设备而不用，类好仁者；执之不鸣，杀之不谛（即啼），类死义者；羔食于其母，必跪而受之，类知礼者。故羊之为言犹祥欤。"正因为羊具有如此的秉性，并被人们赋予美、祥、仁、义、礼等象征意义，因而古时士大夫们以羊为贽，以羔裘为朝服，意思是德亦如羔羊。十二种生肖动物中，恐怕

十二生肖艺术丛书·乙未

大吉羊瓦当

支及十二生肖分属阴与阳及金、木、水、火、土五行。如未为阳，羊为火畜等。由于阴阳五行之间存在相生相克的关系，而十二种动物之间本身也存在弱小与强大、凶狠与善良的区别，因而民间又形成了许多生肖禁忌。比如羊遇虎是很难生还的，所谓"羊入虎口，必死无疑"。于是，一些属羊的人就听不得这类的话，大清国皇太后慈禧就是一例。慈禧生于1835年，正是乙未羊年。有一次皇宫里演戏，曲目是《玉堂春》，其中有一句唱词是"羊入虎口有去无还"，当演员在台上唱出这句词时，慈禧一下子火冒三丈，喝令停演。因为她属羊，怎能够容忍"羊入虎口"？男女议婚时，先决条件便是看属相是否相合。如果不合，婚事很难成就。关于属羊的婚配禁忌也有各种说法，如："两只羊，活不长"；"鼠羊不到头"或"羊鼠一旦休"、"黑狗不能进羊圈"等。

与将属相划分为优与劣一样，这种所谓的属相相害、相冲也是一种极其荒谬、可笑的做法。从汉代王充《论衡》开始，人们就已在批驳之，然而，这种陋俗还是造成了许多人间婚姻、爱情悲剧。

如果说古人由于认识水平有限，崇信这种宿命论观点，尚有情可原。那么处在科学技术如此发达的今天，人们则不应该再相信这些迷信思想了。但事实上，这种生肖禁忌特别是关于羊的生肖禁忌，直到20世纪90年代仍在许多地方存在着，且发生着影响。《人民日报》1992年3月刊载了记者李善远发自沈阳的

大吉羊　现代　韩美林作

大吉羊四灵花钱

报道,报道说羊年刚过,萧条冷落了一年的沈阳各大医院的产房又一次热闹起来。一些年轻夫妇及其家属受羊年不生孩子的陈旧观念的影响,认为羊年生的孩子命苦,因此都想躲过1991年辛未年即羊年而生"猴孩儿",所以,造成了猴年新生儿急剧增加的现象。岂止是沈阳,全国许多地方也都有这样避开羊年生孩子的情况。而很多地方还出现了马年之初青年男女突击结婚、婚后迅速要孩子的情况,目的是当年就能生下一个属马而不属羊的孩子。这一出出近乎滑稽的闹剧令人啼笑皆非,而这种人为制造的生育高峰为这些属马、属猴的孩子将来在上学、就业方面造成的困难不知人们想到了没有?那个时候,所谓的生肖优劣与生肖禁忌该如何解释呢?

生肖在其作为传统文化及传统民俗之外被掺进了许多关于人生婚丧、运程等内容的宿命论思想,这是不足取的。但不管怎样,生肖文化本身还是深受人们喜爱的,虽经几千年却仍保持着清新、健康的气息。比如围绕这十二生肖的前后顺序排列、阴与阳问题有许多传说、故事、推理、猜测;各代均有文人墨客以十二生肖为内容写诗作画;在民间艺术中,生肖更是长盛不衰的主题。而羊作为吉祥、美好的象征成为十二生肖之一,生肖迷信与禁忌永远不能改变羊的这种远古就已形成的象征意义。当羊年到来时,人们充满了信心,充满了希望,这正如一幅喜迎羊年的对联所说的:"未时骄阳艳,羊岁淑景新。"

生肖羊

布羊　山东潍坊　李乘藏

黄羊祭灶

李英儒

四川郫县祭灶民俗活动

送灶君上天的习俗在我国南北各地都极为普遍，鲁迅先生曾写有《庚子送灶即事》一诗：

只鸡胶牙糖，典衣供瓣香。
家中无长物，岂独少黄羊。

他又在《送灶日漫笔》一文中说："灶君升天的那日，街上还卖着一种糖，有柑子那么大小，在我们那里也有这东西，而是扁的，像一个厚厚的小烙饼，那就是所谓'胶牙'（这是一种麦芽糖，大约相当东北的关东糖和秦晋一带的麻糖），本意是请灶王爷吃了粘住他的牙，使他不能调嘴学舌，对玉帝说坏话。"鲁迅在诗中提到的黄羊的典故，出于《后汉书·阴识传》："初，阴氏世奉管仲之祀，谓为'相君'。宣帝时，阴子方者，至孝有仁恩。腊日晨炊而神形见，子方再拜受庆。家有黄羊，因以祀之。自是已后，暴至巨富。田有七万馀顷，舆马仆隶，比于邦君。子方常言，'我子孙必将强大'。至识三世而遂繁昌，故后常以腊日祀灶，而荐黄羊焉。"

这是腊日以黄羊祭灶的起源，阴子方腊日以黄羊祭灶后变成了巨富，这可能是历史上的事实。其实变为巨富是否就是因为以黄羊祭灶所致的呢？很难作出肯定答案。阴子方变成巨富，可能有多种因素。尽管如此，是从他开始形成了以黄羊祭灶的习俗，这是可以肯定的。东汉应劭《风俗通义》对此曾引《后汉书》说："南阳阴子方积恩好施，喜祀灶。腊日晨炊而灶神见，再拜受神，时有黄羊，因以祀之。其孙识，执金吾，封原鹿侯；兴卫尉，鲷阳侯。家凡二侯，牧守数十。其后子孙常以腊月祀灶以黄羊。"这里进一步说明，因为阴子方以黄羊祀灶，其子孙因而封官发财。

南北朝时，南朝梁宗懔撰《荆楚岁时记》说："汉阴子方，腊日见灶神，以黄犬祭之，谓之黄羊。阴氏世家其福，俗人竞尚，以此故也。"这里宗先生把黄羊"祭灶"说成"黄犬"祭灶，他以为"黄犬"就是"黄羊"。后晋崔豹《古今注》中有"狗一名黄羊"的记载。那么究竟是"黄羊祭灶"还是"黄犬祭灶"，因为无法考证，故无法断定。这场争论就这样马马虎虎过去了，而"黄羊祭灶"的习俗一直传至清代。清人富察敦崇《燕京岁时记》说："二十三祭灶，古用黄羊，近闻内廷尚用之，民间不见用也。"从这里可以看出，黄羊祭灶的时间从昔日的腊月改为腊月二十三日。又据清章乃炜《清宫述闻》记载："清代的时候，每年腊月祀灶神，需用黄羊二只，咨呈内务府办理应用。道光十一年，奉旨嗣后，每年十二月二十三日到祭灶神，著用张家口进到黄羊，毋庸派员赴南苑打扑。"清吴振械在《养吉斋丛录》中也说："黄羊祀灶古有其说。今十二月二十三日，乾清门侍卫至南苑猎取黄羊祀灶。"可见清代的宫廷，黄羊祭灶之风很盛。但在民间以黄羊祀灶者甚少。

黄羊祭灶

三头灶王　纸马　清代　山东潍县

三羊开泰

吴裕成

三羊开泰传统图案

"马驰率风,羊致清和"。每当午马扬蹄而去,未羊款款而来的年份,人们喜欢以这句话应景。另一句吉祥话也时髦起来:三羊(阳)开泰。阳、羊同音。阳光之下三只羊,中国传统吉祥寓意图案,画题即叫"三羊开泰"。三阳开泰来自《易》之《泰》卦。六十四卦之中,古人以《坤》为十月的卦象,《复》为十一月卦象,《临》为十二月卦象。《坤》卦,六爻皆取阴爻,为纯阴之象;《复》卦,一阳生于下;《临》卦,二阳生于下;《泰》卦,乾下坤上,阳爻有三……于是,"三阳开泰"为岁首的吉语。明代杂剧《闹钟馗》剧情讲,每逢新年正旦,阳真君在三阳阁下排宴庆贺——那"三阳真君领三个绵羊太子"。

地支配属相,未属羊。但并非自古如此。湖北睡虎地秦简记载与今不尽相同的一套生肖:"午,鹿也。未,马也……戌,老羊也。"羊所对应的,是戌不是未。而且,在这一套生肖名单中,惟独羊冠以"老",好像"羔"羊尚不具备做生肖资格似的。睡虎地秦简为何逢羊而尊"老",也是值得讨论的题目。至于"未羊",甘肃天水放马滩秦简已见记载。

古人释"未",许慎《说文解字》:"未,味也。六月滋味也。五行木老于未,象木重枝叶也。"着眼时序月份。刘熙《释名》:"未,时也;日中则昃,幽昧也。"讲的是昼夜时辰。未属羊,清代《广阳杂记》引录的解说是:"羊啃未时之草而苗,故未属羊"。这显然比较牵强。

羊为六畜之一,早在母系氏族公社时期,生活在我国北方草原地区的原始居民,就开始选择水草丰美的沿河沿湖地带,牧羊狩猎,获

套红料三羊开泰烟壶　清代

三羊开泰　现代　刘继卣作

美是什么？许慎的答案，可以说是颇为"唯物"的。明末清初屈大均套用这一见解，在《广东新语》中写道："东南少羊而多鱼，边海之民有不知羊味者，西北多羊而少鱼，其民亦然。二者少而得兼，故字以'鱼'、'羊'，为'鲜'。"鲜，鱼、羊兼得，讲的仍是滋味，是感由口腹的美。

羊对于人类的贡献，并不局限于"口"加"未"——"味"。以"羊"来做"美"的汉字构件，反映着原始人类的精神生活。这里不该忽视的是，甲骨文"美"字，上半部并非一羊两只角，而是四只羊角。于省吾《释羌·敬美》一文指出：早期"美"字像"大"上戴四

个羊角形，"大"像人之正立形。以戴角为盛装，为美观，为尊荣，为恭敬和气尊严——"美"之本形为戴角，取义于美好的装饰。人饰羊角，怎么就美呢？获得了形貌之美呢，还是产生了心理美感？审视"美"字，朱狄《原始文化研究》写道，一人头戴两双羊角，原始人何以要戴如此笨重的装饰品？答案只能有一个："这是一种图腾标志"。

羊人为"美"，反映了以羊为图腾的原始崇拜。戴上羊角头饰的先民们，在图腾仪式中求得心理上的满足。蛇为图腾，虎为图腾，温顺的羊也可以为图腾吗？是的，这或许正是"美"字被深埋于表层之下的初始意义。甲骨卜辞记载殷商的邻国，有"虎方"、"鬼方"、"羊方"，这类方域可能就是以图腾为称号的。

取生活资料。羊带给人类口味之福。许慎释字义："美，甘也。从羊从大。羊在六畜主给膳，美与善同。"结合他有关"未，味也……滋味也"的解说，这位文字学家对于羊肉之甘美，大概是印象颇深的。

研究审美感受，是个相当哲学化的问题。

羊人为"美"的思路，可以用来解读"羌"、"姜"。羌人、姜姓，都应源于崇拜羊图腾的

三羊开泰　　成都青羊宫浮雕　　张玉敏摄

氏族的名号。

"美"字本是摹状象形的符号，如一幅白描。图腾崇拜带来亢奋和愉悦，那令人陶醉的心理体验，总是随着"美"所描摹的头戴羊角的活动而到来，于是，表达这类心理感受的符号，也使用"美"字——从而使"美"兼具形容客观事象和表达内心感受两方面的意义。

羊"与"祥"通假。《汉元嘉刀铭》"宜侯王，大吉羊"，"羊"即是"祥"字。"羊"代"祥"，不仅因为音近和字形的省略，西汉大儒董仲舒《春秋繁露·执贽》说："羔有角而不任，设备而不用，类好仁者；执之不鸣，杀之不谛，类死义者；羔食于其母，必而受之，类知礼者；故羊之为言犹祥欤！"羊羔有角，却并不抵触——好仁；羊被捉，却并不哀叫——不惧怕以死就义；羊羔吃奶，总是跪着接受哺乳——知礼。董仲舒所表达的意思是，由于羊的仁、义、礼，语言中以"羊"为"祥"。

羊跪乳，成为未属羊的一种解释："未为阳，仰而秉礼，以羊配之，羊跪乳。"这见于明代王逵《蠡海集》。

羊跪乳，为传统道德说教所吸纳，流传为妇孺皆知的话题。东汉蔡邕《为陈留太守上孝子状》："乌以反哺，托体太阳；羔以跪乳，为贽国卿。"孝与敬，以乌鸦说孝，以羔羊说敬。这观念相沿成俗，比如冀中农历五月十三的送羊节。送羊节里舅舅给外甥送面羊——白面蒸出的羊形馍。含义有二：一是借谐音，羊为阳，表示阳寿，希望孩子长大成人；二是羊跪乳，借此教育孩子孝敬父母，不忘养育之恩。

婚姻喜事也用羊，《晋书·礼志下》："纳采、问名、纳吉、请期、亲迎，皆用白雁、白羊各一头，酒米各十二斤。"并引郑玄《婚物赞》"羊者，祥也"之语，认为"婚之有羊，自汉末始也"。敦煌写本《新集周公解梦书》："梦见羊者，主得好妻。"也是依据羊即祥的

三羊开泰　剪纸

三羊开泰

五羊神话仍为广州人所津津乐道，屈大均《广州新语》记："周夷王时，南海有五仙人衣各一色，所骑羊亦各一色，来集楚庭。各以谷穗一茎六出，留与州人，且祝曰：'愿此阛阓，永无饥荒。'言毕腾空而去，羊化为石。"五个仙人五只羊，带来五谷丰登的祝福。羊化作石，留下来陪伴广州人美好的生活。五羊传说成为古城的重要文化景观。

带来五谷丰登的羊，还被想像为雨工——随龙兴云布雨的神物。这见于唐代李朝威的传奇小说《柳毅传》。小说涉笔成趣地讲到雨工：龙女牧羊，所牧非凡羊，而是随龙布雨的精响灵。柳毅路遇牧羊女，女子请他代传书信，并自言是洞庭龙君小女。柳毅同情龙女的不幸，又好奇地问："你既是龙女，牧羊何用？难道神祇也像人间一样，畜牧是为了宰杀吗？"龙女答："这不是羊，是雨工。"柳毅问："何为雨工？"龙女答："雷霆之类也。"龙女牧羊，羊是雨工，这样的想像以龙司雨水为逻辑起点，倒也显得顺理成章。

联想。元杂剧《墙头马上》"牵羊担酒"、"杀羊造酒"都关婚姻事。

"三羊开泰"是吉语，五羊呢？南国就有一座城市，得五羊之吉。相传，羊是给广州带来吉祥的五谷之神。《太平御览》卷一八五引晋代裴渊《广州记》即载五羊传说。至清初，

牧童　木雕　山西襄汾
　　这件表现牧童赶羊的木雕系山西襄汾丁村一座民居斗栱下的装饰，表现小牧童正挥鞭扬手呼赶羊群，三只山羊虽动态各异，但都逼真地抓住了羊的习性特点。这件木雕不作细致雕饰，但优美自然，更具有民间艺术的朴实特点。取材三只羊，也有"三羊开泰"的寓意，以求吉运。

羊与民俗

何阿君

抱羊的阿福　无锡惠山泥人

我国地域辽阔，地形各异，民族众多，因而各地、各民族都有自己不同的风尚、习俗。但是，从这些不同的风俗中，我们常常能发现与羊有关的内容。这是因为羊是中国大地上普遍宜于养殖的动物，且羊与人类早就结下了密切的关系。人们不仅衣食需要它，依赖它，而且羊在人们的精神生活中也占据着相当重要的位置，它曾是远古主要的图腾之一，是祭祀仪式中献给神灵和祖先的牺牲，在人们心目中，羊是美好、善良、吉祥、知礼、知义、知孝的象征。因此，民间的许多风俗习惯都渗透着羊文化的影子。

以羊报生育喜信

《圣经》中耶稣诞生的消息是由牧羊人传递开的，而在中国中原一带，人们用羊报生子育女之喜信。

中原地区的人们认为，生孩子是一件大喜事。据旧志载，河南新乡县妇人初生男或女，女婿要向岳父岳母报喜。报喜时要抬盛有米、面、鸡、酒之类的礼盒，同时牵羊一只。女方家则须回送男方家一只羊，或者给够一只羊的钱，以示同喜同贺。林县等地，头胎婴儿报喜的仪式最隆重，人们抬礼盒、酒坛，赶两只褐山羊，山羊颈上系着铜铃，一路叮当作响，让人知晓。

回族妇女生育时要请阿訇念喜经，并做"阿给格"，即生下男孩宰两只羊，生下女孩宰一只羊，以示庆贺。

穿兽鞋

新生儿穿着兽鞋是汉族的一种育儿习俗。所谓兽鞋，就是将鞋做成兽形或绣以兽形。常见的兽鞋有虎、豹、龙、牛、兔、羊、猫、狗等生命力较强的动物形，取繁衍旺盛、易养易活之意，而穿羊鞋还是吉祥如意的象征。兽鞋一般有棉、夹两种，造型夸张，生动有趣。每当新婚女子怀孕，其母亲及姐妹就开始做鞋，送兽鞋也有一定的的规矩，不能少于3双，多则5双、7双，要取奇数，忌偶数，认为这样可以为孩子消灾，使其健康成长。新生儿堕地时，无论男女，都要穿兽鞋，并一直穿到三四岁。

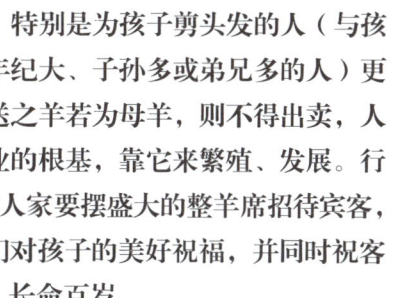

五毒纹童鞋 山西阳城

剪发礼送羊

蒙古族孩子一生下来,就被包进温暖的羔皮中。据《夷俗记·生育》载:"产时即裹以皮或毡,越三日方洗。"方志《青海》亦云:"婴孩临盆,即将两页轻柔温暖之山羊羔滑皮包裹其腰部,以护脐带。"而当母乳缺乏时,牛乳及羊乳就是最好的代用品。可以说,在蒙古族孩子的成长过程中,羊起着很重要的作用。正因为如此,在孩子行剪发礼时,人们常以羊为礼。剪发礼是孩子长到一定年龄后进行的一种成长礼仪,各地行剪发礼的年龄不一,但要在1-9岁的奇数年龄进行。剪发礼是被剪发者成为社会成员的标志,所以人们要赠被剪者牲

蒙古族剪发礼

畜,说明他已具备了占有生产资料的资格。一般为一只羊,特别是为孩子剪头发的人(与孩子属相合、年纪大、子孙多或弟兄多的人)更要送羊。所送之羊若为母羊,则不得出卖,人们视之为产业的根基,靠它来繁殖、发展。行剪发礼时,主人家要摆盛大的整羊席招待宾客,以示感谢他们对孩子的美好祝福,并同时祝客人身体健康、长命百岁。

其实,岂止是在剪发礼上人们以羊相贺,在蒙古族人一生的其他重大仪礼上,如婚礼、祝寿礼,甚至丧礼上,羊都扮演着重要角色,如举行婚礼时,羊膝骨是新郎新娘的信物、爱情的凭证,而全羊婚宴是最盛大、最吉庆的宴席,等等,这正反映了蒙古族游牧文化的典型特征。

纳礼送羔雁

"媒氏陈束帛,羔雁鸣前堂"(晋傅玄《有女篇》)是古之婚仪六礼中的"纳礼"一幕。六礼,据《礼记》和《仪礼》载,为纳采、问名、纳吉、纳征、请期、亲迎。所谓"纳采",就是男方家请媒人到女方家提亲,媒人去时男方家应纳其采择之礼给女家;当女方家答应婚事以后,男家要选定吉日,备礼通知女家,婚姻乃定,这就是纳吉;纳吉之后,男家择日具书,送聘礼于女家,以成婚礼,这就是"纳征","征,成也"(《仪礼·士婚礼》注)。至于问名、请期、亲迎自不用说。整个婚仪中,男家要向女家行"三纳"之礼,所纳之物中,羔雁为两种动物赞礼,这两种动物在人们心中都是十分美好的。雁一生只有一个配偶,若配偶不幸死去,另一只则终生不再寻偶。故雁被视为忠贞不二的象征;羊乃是吉祥的象征。许多朝代史书的《礼仪志》均对婚仪中以羊为礼的习俗有所反映,《隋书·礼仪志》甚至明确规定纳礼之物为"羔羊一口,雁一只……自皇子

以下至于九品,皆同。"所以,在婚仪中常能看到"羔雁鸣前堂"的吉庆欢乐场面。雁后来用鹅、鸡代替,而以羊为礼一直保留到现在,许多民族的婚俗中,订礼、聘礼都用羊。

汉族正式订婚仪式称为"大定",男方家一般要杀羊、猪各一,扮成麒麟形状,并将鸡、鸭各四只宰后在盒里摆成各种花样,连同衣物、用具等一并送往女方家。

蒙古族婚俗中,牲畜是最重要的聘礼,而羊更是被普遍用以为礼。《绥远通志稿》记录了内蒙古土默特旗的订婚仪式:"土默特旗男女订婚时,男家必先举羊、酒,佐以哈达至女家,名曰'下小定'……迎娶有期,乃举行'下大定'……在大定以后,亲迎以前,男家以羊送女家,是为纳彩礼。羊数必以九,富者多至九九八十一,少亦须足一九之数。"所以以九计数,是因为蒙古族崇尚奇数,认为三、五、九都是吉数,代表广阔、幸福、长寿。

歃羊酒米

小定、大定之后,婚礼举行前夕,男方家一般还要送给女方家羊等礼物,以示进一步明确两家关系。

青海民和回族土族自治县,女儿出阁之日,女方家要摆筵席招待亲友,此为"女儿席"。男方家则必须在女方办女儿席之前向女方家送一只羊或一些肉,称为"歃羊",寓有歃血为盟之意。另外还要送米、酒等物,以示帮助女方家备办女儿席。这道仪式就是"歃羊酒米",是婚礼前男女双方的最后一次定盟,从此,婚事不可再变。

云南地区的汉族,结婚前一天,男方要送给女方家羊、猪等物,并送给新娘结婚的礼物,新娘的礼物第二天迎亲时随嫁妆一起带回,而羊、猪则送回一部分,表示双方正式联姻,羊和猪是订结之物,此举称为"礼成"。

"碰门猪羊"是山西河曲一带的婚俗。临结婚时,男家带着猪羊各一去碰开女家的大门,女家才送女儿过门。如果男方不送"碰门猪羊",可以拒绝迎娶,婚事有可能告吹。

锦缠羊

当新郎一切准备就绪去迎娶新娘时,他还要带一份拜谒岳父岳母的礼物。

青海互助土族自治县有这样的习俗:婚礼举行当日,男方到女方家娶亲时,要送给姑娘家一只洁白的母羊。母羊由娶亲人牵着送到姑娘父母前,作为姑娘的替身,留在娘家繁衍后代。当地的人认为这样可以避免女儿将娘家的福气、运气全部带到婆家。这只作为姑娘替身的白母羊可以给双方都带来吉祥。

锦缠羊是流行于长江三角洲一带汉族中的婚俗,是新郎前往女方家迎娶时拜见岳父岳母的礼物。因为是以红色的锦缎缠裹羔羊为礼,所以称为锦缠羊。红色是喜庆的颜色,羔羊是吉祥的象征,锦缠羊表达了男方家对女方家及对婚事的美好祝愿。

长江中下游地区,婚礼正日,男家遣人担上礼品若干,送往女家,有姑娘辞别父母去男家当新娘,男家特以礼品表示慰问之意。女家称此礼品为"辞家担"。礼品中一般会有整羊一只,取吉祥之意。

羊骨为信物

在许多民族的观念中,羊是神圣的、有灵性的动物,所以人们以羊为图腾、为神,用羊及羊骨、羊毛占卜,把羊作为献给神灵的祭品。而在蒙古、裕固等民族的婚礼上,羊骨是百年和好的象征,是新郎新娘的结婚信物。

明《夷俗记》云:"婿与妇将羊骨互相捧持,然后交拜天地。《清稗类钞·蒙古婚嫁》也记载了此俗:"男女持羊膀骨,拜天地及佛。"

现在一些蒙古族地区仍保留着以羊骨为信物的习俗。婚礼中女方家要举行第二道宴席，席间，主宴人用盘献出"沙恩"即羊拐或羊膝骨，男女双方以歌论酒，并争夺"沙恩"。"沙恩"放在公平桌上，歌手们唱道：

玲珑的小沙恩，连着骨头连着筋，
只要沙恩在，大腿小腿不能分

珍贵的小沙恩，连着血肉连着心，
沙恩若比人哟，连着男女两家亲。

在蒙古人的心中，"沙恩"骨是心心相印、永不分离的象征。争夺开始时，在女方司仪的偏袒下，新郎总得不到"沙恩"。这时伴娘及女方亲友唱"母亲的歌"、"姑娘的歌"表达女性的情感及对女性的赞美。最后把"沙恩"交给新郎。"沙恩"分三块，一块祭天，一块给新娘，第三块给新郎，这是成婚的标志，也是对新郎新娘永结百年之好的美好祝愿。内蒙古哲里木盟一带的蒙古族婚礼上用的"沙恩"必须是羊腿上的，举行婚礼前，女方的头发应该用"沙恩"梳理，入洞房前，新郎新娘的头发要合拢到一起，再用"沙恩"梳理一次。最后，新娘将羊左后腿上的"沙恩"揣入衣兜，新郎将右后腿上的"沙恩"装进衣袋，两人都将终身保存各自的"沙恩"作为爱情的信物。"瑶达曲戈"是裕固族语"羊小腿"的意思，这是婚礼上新娘送给新郎的见面礼和结婚凭证。举行婚礼时，新郎新娘要向长辈和客人磕头致谢，司仪给新郎新娘喂一块酥油，祝他们婚后生活甜蜜、幸福。这时，新娘将一块抹有酥油，系有一小绺羊毛的羊干巴骨（羊小腿）交给新郎，表示二人从此结为夫妻。仪式结束后，婚礼上的民间艺人开始一问一答式的说唱，大意是：羊干巴骨上的一撮毛象征着皮毛相连、夫妻亲密无间；羊干巴骨一头冷一头热，表示新娘对婆家要热，对娘家要凉。唱完后，用一点酥油涂在新郎额头上，并把羊小腿挂在他的腰带上，表示牛羊兴旺。

全羊婚宴

羊自古以来就被认为是珍馐美味、食中盛品，在婚宴这样重大、喜庆的场合，羊当然也是少不了的。

蒙古族婚俗，从订婚宴到婚宴，以整羊席为最隆重、最好，取吉祥、完美之意。

当送亲的队伍来到男家时，青海互助土族自治县的人们以他们认为最好的食物——羊头招待送亲来的女家亲友。送亲人席地而坐，男家敬献一个羊头，请他们分食。同时还要将羊头肉给该村从女方家庭或村里嫁过来的女子留一份。

甘肃肃南裕固族婚宴结束后，办婚事的人家有向客人回赠羊背的习俗，一只羊分为十二背子，最好的是臀尖，为头背，羊头为二背，要献给贵宾、有威望的老人。然后依次为胸叉、肋条、胯骨、腿骨等，由主人按宾客的尊长、辈份献上，以示感谢。

羊骨手链

送羊

晓 梧

面羊　河北磁县

羊是十二属相之一，羊与"祥"相通，所以在人们心目中，羊是知礼、知义、知孝的象征，也有很多与羊相关的习俗。送羊习俗至今在许多地区流行。

河南安阳城市乡村，保留着这样一种风俗，每当五月小麦梢黄籽饱的时候，出嫁的闺女都要和丈夫带上儿女，拎上装满白馍、油条、糖糕、瓜果之类礼品的篮子，回娘家去看望老人，民间称为"瞧五月"或"走五月"。这是继大年正月初二拜年后，又一个闺女回娘家的高潮日。

麦梢黄，女看娘。每年农历五月，闺女携子回娘家时，要备上烧饼、油条等四样礼品，看望双亲，称"瞧羊"。这一约定俗成的习俗，被视为"送羊"的序曲。

到了农历六月上中旬，是娘家给闺女"送羊"的时候。安阳有民谣："小菠菜，就地黄。割罢麦子打罢场，谁家闺女不瞧娘。瞧娘不是瞧娘的，是给她娘要羊嘞。"

"送羊"是安阳一带的传统风俗，何时兴起，已不可考。据老辈人讲，早先是模仿着皇母送活羊"赶羊送女"，后来因各种原因，由送真羊逐渐演变为用白面捏成羊的形状馈送给女儿家。

民间流传有"割罢麦子打完场，谁家闺女不瞧娘，瞧娘不是瞧娘，是让娘家去送羊"之说。六月由娘家用白面蒸成羊形面食24个（大、中、小羊各8个），兼有麻糖、水果、西瓜等夏季食品送到女儿家，谓之"送羊"。

每到送羊时节，可以看到很多白发苍苍的老太太拎着篮子不辞辛苦地去给外甥儿送羊。

用新麦白面蒸制成的面羊，背部用梳篦琢成毛茸茸的身形状，用黑豆点睛，有头有尾，活灵活现，充分反映了农妇的心灵手巧。

送羊，不仅羊的数目有讲究，规矩也因地而异。据《安阳日报》的一篇报道，安阳地区送羊一般要捏一二三只领头大羊，再配上一群小羊，还要捏造一只浑身带刺的小山羊——来回走动的羊，作为回头羊带回，来年仍继续送羊。此后又另外附带加捏一对象征吉祥富裕的大鱼和几对小鱼或刺猬等类可爱的小动物搭配，均为双数，传说单数不吉利。虽然不是羊，但仍充数称之"羊"。大致上可以说，安阳城乡旧时头三年要送整群羊24只，第四年起送半群羊12只。整群"羊"数是：大羊二羊三羊各1只和21只小羊。另外，城乡大多是姥姥送羊，若姥姥过世，则由妗子接着送，民间就有"妗不老（死），羊不了"的俗语，现今则是因孩子少了生活条件提高了，由1群改为2群，但大约送够3年就停了。安阳县"羊"

送羊

面羊　河北磁县
这只面羊被塑造得头部昂起，四肢趴伏，以黑豆做眼，上面还装饰花朵，全身为素白色，十分别致。

数是4个大羊、8个二羊、12个小羊，共24个谓之一群。闺女生子头3年送"整群"，以后改送"半群"；汤阴县"羊"数是1个大羊、1个二羊、8个或10个小羊。外甥要是超过15岁，就不送大羊了。

送羊有讲究，吃羊也有学问，以前只有孩子的父母才能先尝，这叫做"爹吃头，娘吃脚，孩子能活八十八"。面羊吃到最后，总要留一只最小的羊用线绳儿拴起来挂在墙上，天天看着，一直挂到来年六月送新羊。这叫"新羊见陈羊，辈辈儿人茬儿旺"。

在河北磁县和河南辉县一带，也有送羊习俗。每年农历六月，舅家都要给外甥送面羊，据说习俗是来自一个民间传说：很久以前有个不孝敬父母的孩子被送到舅家教养，其舅为牧羊人，遂让孩子和他一起放羊。六月间孩子见小乌鸦给老乌鸦喂食，不明其理，舅舅告诉他这叫乌鸦反哺，老乌鸦飞不动了，没有小乌鸦喂食就会饿死。一天，又看见小羊羔跪在母羊肚下吃奶，舅说这叫"羊羔跪乳"，是感激母亲的养育之恩。孩子由此受到感化，转恶为善，舅舅就送给他一只羊羔，此后孩子对父母十分孝顺。因此舅舅们每年六月都给外甥送去羊羔，教育孩子孝顺自己的父母，后来就演变成送面羊的民俗。

新麦磨面做的面羊，十分香甜，而其中所包含着的亲情更浓。送羊给予人们精神层面的心灵慰藉，使这一古老的民间风俗，代代相传，不仅在传承孝亲的美德，也是家庭和睦亲情孝道的传承维系，体现着尊老爱幼的和谐融洽。随着经济的发展，城市中的面羊已变成了面包羊或其他样式和品种。送羊时节，在时尚新派的蛋糕店、西饼屋可以看到订制"面包羊"、"蛋糕羊"的广告；遍布街市的馍房，也有"订面羊"的招牌儿。可见"送羊"这一传统民俗，仍然在悄无声息间更新延续。

羊神崇拜

何阿君

六丁六甲之丁未

《山海经》中有许多半人半羊，或一半为羊、一半为其他动物的神：

《山海经·东次三经》："凡东次三山之首……其神状皆人身而羊角。"

《山海经·西山经》："鳢鱼，其状如鳖，其音如羊。""钱来之山……有兽焉，其状如羊而马尾，名曰羬羊。"

《山海经·北次二经》："钩吾之心……有兽焉，其状如羊身，人面。"

《山海经·中山经》说神蛊围是"其状如人面，羊角虎爪。"

这些记载一方面证明远古时我国盛行过动物崇拜，其中有羊图腾崇拜。因为这种半人半神或几种动物混合构成的神灵形态，大都起源于对某种动物的神化和崇拜。另一方面也显示了人们由对动物的自然崇拜向对具有更多属性、甚至社会属性的神的崇拜的转变。

原始社会时，当人们把动物本身当作对自己生活有强大影响力的力量来加以崇拜时，动物图腾产生了。这个时候，人们崇拜的是动物身上的自然属性，其肉可食，其皮可衣，人们生活上依赖它。虎、豹、蛇、鸟等兽、禽，虽不可食，但人们羡慕它们的利齿、敏锐的眼力、快捷的腿脚、善飞的双翅，希望自己能有它们那样的本领，并希望不被它们伤害，因而这些动物也会成成为图腾对象。这个阶段产生的动物神偶像、雕刻、绘画等都是模仿动物的自然形态。但是，随着社会的发展，人类生产、生活方式的改变，人们所崇拜的动物其身上的自然属性已不能满足人们的需要。比如崇拜兽类的民族，希望所崇拜的兽能像鸟那样飞翔；而崇拜飞禽的民族则希望飞禽能像兽类那样勇猛。狩猎采集时代，人们依赖于动物的皮、肉；原始农业产生后，又希望动物也能给他们带来五谷。于是图腾动物的形态发生了变化，不再

羊神崇拜

玉雕羊神

是纯自然状态，而是变成兼有两三种甚至多种动物形态的怪兽。当然，其神力也是两三种或多种动物的。也就是说，动物的神性扩大了，而且这种扩大是持续的，到后来，其神性已不限于动物，许多动物被人们赋予一定的社会属性，具有了维护政治、经济制度和社会道德的能力。其形态自然也就开始脱离动物而变成半人半兽，如我们前面所举的《山海经》中的神兽。当然，也有的动物其形态还是自然形态，但神性却扩大到多种领域，还有的动物可以变化成各种动物，甚至人，具有无限的神通，或有的神可以变成某种动物。这也是动物神性扩大的表现。

羊由于其在人们生活中所起的重要作用，而受到先民广泛的崇拜。世界许多国家也都有由羊图腾变化而来的羊神崇拜的现象。

古埃及的神话中有许多半人半兽神，创造神为牡羊头，死神为狼头。古埃及人崇拜圣羊阿蒙，后来它变成了太阳神、主神。古希腊《荷马史诗》中有很多传说、故事，说神和英雄可化身为动物、植物和无生物：赫耳墨斯化为有翼的鱼鹰，雅典娜变为潜鸭，狄俄倪索斯时而变成人，时而为公山羊或牡牛。古印度最早的文献之一——《马哈布哈拉塔》中所描绘的神和妖魔多为动物形象，人和神都是由动物所生或动物、植物、其他自然物由人和神所生。人和神都能变化为动植物，反之亦然。如姆奇里恰兰德生下熊、羚羊和水牛，由羚羊化身的哲人又与雌羚羊结合。《阿韦斯陀》给我们描绘了古伊朗的神话传说：韦拉特亚格拉先化身为狂风，然后，又化身为漂亮的公牛、公骆驼、牡绵羊和长着两只角的牡山羊等等。古希腊神话中的最高神宙斯的化身是双角弯弯的绵羊，树神和酒神狄俄尼索斯有时由山羊代表，有时由公羊代表；畜牧之神潘是羊脸羊腿；森林之神萨蒂罗斯是长着公羊的角、腿和尾巴的半人半山羊怪物。

如果说以上所举的半人半羊或半羊半其他动物的神是羊由自然形态向拟人形态的过渡，那么《圣经》中以羊象征救世主基督则是这种过渡的完成。《圣经》中有许多篇章赞美基督和羔羊。其中写道，耶和华替世人负罪被杀献祭，而"曾被杀的羔羊是配得权柄、丰富、智慧、能力、尊贵、荣耀、称赞的"（《圣经·启示录》）。"羔羊是万主之王，万王之王"（《圣经·启示录》）。在这里，羔羊只是一个象征，而耶稣基督没有任何羊的特征，是一个万能的神。

在中国，脱离了自然形态的羊变成了谷神、树精、雨神、岳神等等，甚至还能分辨曲直，替人间持公道。

一、羊为五谷之神

清屈大均《广东新语》卷五云："周夷王时，南海有五仙人衣各一色，所骑羊亦各一色，来集楚庭。各以谷穗一茎六出，留与州人，且祝曰：'愿此阛阓，永无饥荒。'言毕腾空而去，羊化为石。"《古今图书集成·神异典》

广州五仙观石羊

卷一六九引《广州通志》也记载了此传说。在这个传说中,五仙人是人们心目中的五谷之神,而仙人的衣服与所乘羊同色,羊与人是融为一体的,最后仙人离去,去时许下诺言:"愿此,永无饥荒。"羊化为石留下来,成为此诺言的实践者。所以,在人们心目中,羊也是五谷神的象征。正因如此,这个传说还有另一种模式,不是仙人持穗骑羊,而是五羊衔谷降临。《汉唐地理书钞》辑《裴渊广州记》云:"州厅事梁上画五羊,又作五谷囊,随羊悬之。云昔高固为楚相,五羊衔谷,萃于楚庭,故图其像为瑞。六国时广州属楚。"

清时广州城内有五仙观。清屈大均《广东新语》:"今坡山有五仙观,祀五仙人。少者居中,持粳稻;老者居左右,持黍稷,皆古衣冠。像下有石羊五,有蹲者、立者,有角形微弯,势若抵触者,大小相交,毛质斑驳。观者一一摩挲,手迹莹然。"1959年,广州市越秀山公园立了一座五羊雕塑,,一只老仙羊口衔谷穗,其余四只仙羊围绕其身旁。该雕塑成为广州市的城徽。

古巴比伦人为了表示太阳在黄道上的位置,把黄道分为十二段即"黄道十二宫",从春分点依次为白羊、金牛等十二宫。而白羊宫的星座图为手持麦穗站立的农夫形象。可见在古巴比伦时也有旨羊与麦穗相互之间存在某种关系的观念。

弗雷泽的《金枝》载,许多国家都有称山羊为谷精的说法。普鲁士有些地方,当风吹谷物低伏时,人们说那是"山羊在互相追逐","风赶羊群过谷田",并以此预期会有好收成。在下巴伐利亚的施特劳宾,收割时割最后一把

五谷神造像　木雕　广东潮汕地区

羊神崇拜

五羊雕塑　广州越秀公园

谷物的人，人们就说他"得到了玉米山羊"、"得到了小麦山羊"或"燕麦山羊"。另外，还在最后一堆谷物上插两只角，并把这堆谷物叫"带角的山羊"。在斯瓦比的加布林根，收割最后一片燕麦地的时，人们要做一只木山羊，并用花环装饰，把麦穗插进羊的鼻孔和嘴巴里，称之为"燕麦山羊"。

所有这些，都体现了在人们心目中，羊与五谷的某种联系。

二、千岁树精为青羊

羊有时会成为树精。《太平御览》卷八八六引《玄中记》云："千岁树精为青羊，万岁树精为青牛，多出游人间。"不过，在另一本书中，三千年树才有青羊精，而千年之树有白羊精。宋王象之《舆地纪胜》卷一八六载："千年木，在武连县延福观，有一古木甚巨，常有二白羊往来其下，近之则不见。邑宰杨若

青羊宫铜铸单角青羊　四川成都　张玉敏摄

单角铜羊其实是十二属相化身，即鼠耳、牛鼻、虎爪、兔背、龙角、蛇尾、马嘴、羊须、猴颈、鸡眼、狗腹、猪臀。

青羊宫铜铸青羊　四川成都　于宏摄

安尝劝农于此，寺僧言其事。杨曰：'三千年之树则有青羊，千年则有白羊，此其物也。'"按《玄中记》的说法，这两只白羊当为出游人间的树精。

千年、三千年可谓长矣，因而人们又附会出食羊须所化之珠可长寿的传说。《法苑珠林》卷四一引《幽明录》中说，晋时洛阳有个人误入一深不可测的洞穴。他赍尘为粮，历时许久，来到一处都城前，只见城郭修整，宫馆壮丽，台榭房宇，金碧辉煌。城中之人皆长三丈，身披羽衣，奏着奇妙的乐曲。所过之地如是者有九处。他到最后这个地方时，饥饿难耐。一个长三丈的人指着庭中一棵近百围的大柏树说：树下有一羊，你去跪捋羊须。洛阳之人饥肠辘

辘，听后迅速照办。一捋得一珠，不想却被长人取走；次捋所得珠亦被取走；最后一捋，又有一珠，长人让他吃下这颗珠，即得疗饥。他问长人九处都城的名字。长人说：你回去后问那位知识渊博的张华吧，他应该知道这个地方。洛阳之人便随穴而行，回到洛阳方知，此一往还，已是六七年过去了。他将所历之事告知张华，张华说：九处地方仙名九馆大夫，羊为痴龙。食第一次那颗珠可与天地等寿；第二次那颗可延年益寿；第三次那颗只可充饥而已。

近百围的大树，树龄一定不短，至少在千年以上。而千年树精为羊，故树下有羊。于是食羊须所变之珠可长寿也就是顺理成章的事了。

羊为树精是很普遍的现象。在古希腊、罗马的神话传说中，树神、森林之神常以羊的形象出现，树神狄俄尼索斯有时表现为羊形，萨蒂罗斯是古希腊的森林之神，他是一个长着公羊的角、腿和尾巴的半人半山羊怪物，有时就说自己是羊。古罗马神话中的福恩是农牧之神，人们也称他为森林之神，他长着山羊腿和山羊角。俄罗斯神话传说中的树精为列斯奇，长着山羊角、山羊耳朵和山羊腿。

山羊喜欢到树林里去啃树皮，它们对树木的损害很大，为什么树精是羊呢？我想，羊是人们崇拜的对象，而羊要靠吃树皮、树叶为生，羊自然也就会成为树之精。羊与五谷的联系也是因为同样的道理：羊喜欢到麦地谷地吃麦穗谷类等，于是人们就把羊与谷精连到一起，希望羊能保佑五谷丰登，而不管羊对树或谷物的破坏了。这正如弗雷泽所说："神祇不再存在于植物本身，逐渐成为该植物的所有者或主人，于是就会产生这类矛盾；占有这种植物的观念自然导致享有这种植物的观念。"

三、羊为雨工

自然界变化无穷，奥秘神奇，风雨雷电、日月星辰都曾使远古先民百思不得其解。因而他们就以眼前所见的、他们认为有神灵的物体去想像那神秘的自然现象，于是司雨之神成了可以牧养的"羊"。

《太平广记》卷四一九"柳毅"条引《异闻集》记载了这样一个传说：柳毅应举落第回乡途中，见有一个少妇在路旁牧羊。这位妇人非常漂亮，然而却蛾眉不展，面有愁容，且痴痴站立，似有所待。柳毅怪而问之，女子答曰她乃洞庭龙君小女也，父母配嫁泾川次子。柳毅更加奇怪：你放羊有何用？难道神要宰杀不成？女子说：此非羊，雨工也。柳毅问：何为雨工？女子说：和雷霆之类一样的雨神。柳毅再仔细一看，这些羊虽大小毛角与一般的羊无甚区别，但个个昂首怒步，气度非凡。唐岑参有《龙女祠》诗云："龙女何处来，来时乘风雨。"龙女所乘的"风雨"是不是她放牧的羊所化呢？

传说中的蜚廉是能呼风呼雨的神禽。《汉书·武帝纪》元封二年："作甘泉通天台，长安蜚廉馆。"其注云："应劭曰：'蜚廉，神禽，能致风雨者也。……'"那么蜚廉是个什么样的神禽呢？《历代神仙通鉴》卷二说："蜚廉生得鹿形蛇尾，爵头羊角，与蚩尤同师一真

羊神崇拜

鎏金蜚廉纹银盘
唐代　陕西历史博物馆藏

道人。"不知蚩尤与黄帝作战时所请的风伯、雨神是不是蚩廉。《山海经·大荒北经》云："蚩尤作兵伐黄帝,黄帝乃命应龙攻入冀州之野。应龙畜水,蚩尤请风伯、雨师,从（纵）大风雨。"但既然蚩廉曾与蚩尤同师一真道人,可谓一师之徒,那么蚩尤有难时,他前去相助应是理所当然。更何况蚩廉长着羊角,与姜姓之蚩又是同一族属呢。

《孔子家语·辩政》中有一只以"羊"命名的吉鸟,给人们报告雨的讯息："齐有一足之鸟,飞集于宫朝,下止于殿前,舒翅而跳。齐侯大怪之,使使聘鲁问孔子。孔子曰：'此鸟名曰商羊,水祥也。昔有儿童屈其一足,振讯两眉而跳。且谣曰：天将大雨,商羊鼓舞。今齐有之,其应至矣,急告民趋治沟渠,修堤坊。将有大水为灾。'顷之,大霖雨,水溢泛诸国,伤害民人,唯齐有备不败。"这只名为"商羊"的吉祥鸟不给别的国家报信而专给由炎帝后裔建立的齐国传语,使百姓免灾,国家平安,这其中恐怕是有原因的。

也有说"商羊"即雨师神者。《三教源流搜神大全》卷七云："雨师神,商羊是也。商羊神鸟,一足,能大能小,吸则溟渤可枯。雨师之神也。"

四、獬豸神羊,能别曲直

对羊的夸大和神化使人们相信,羊能像社会上强有力的人物一样解决社会问题,有时人类难以做到的,它却能做到。獬豸神羊的传说体现了这一点。

汉代王充在《论衡·是应》中说："觟者,一角之羊也,性知有罪。皋陶治狱,其罪疑者,令羊触之。有罪则触,无罪则不触。斯盖天生一角圣兽。"传说皋陶是尧时的大臣,为大理,作五刑。他断案时,凡是怀疑对象就让一角羊去触。神羊能判断曲直,有罪则触,无罪则不触,使其能公正执法,因此"皋陶敬羊,起坐事之。"

由于尧、舜、禹与羌人同处黄河经济文化圈内,风气互染,所以习俗相近。甚至夏禹部的主要部族为羌,而禹本人也是"出于西羌",故而尧时此神羊传说是不足为怪的。

春秋时的齐国是炎帝后裔建立的姜姓国家。《世本》（秦补本）云："齐氏,炎帝之后,太公望子牙封营邱为齐国子孙氏焉。"在齐国也有与"獬豸"一样的神羊。《墨子·明鬼》载,齐庄公有两个大臣王里国和中里徼,两人打了三年的官司却始终没有结果。于是齐君"乃使二从共一羊,盟齐之神,二人许诺……读王里国之辞既已终矣,读中里徼之辞,未半也,羊起而触之,折其脚……殪之盟所。"这是一只能辨曲直且疾恶如仇儿的羊,竟使不直者折脚直至身亡,与"獬豸"具有同样的神力。

楚国国君曾捕捉到獬豸,并以獬豸的形象制作了衣服和帽子。汉杨孚《异物志》："北荒之中有兽,名獬豸,一角,性别曲直,见人斗,触不直者;闻人争,咋不正者。楚王尝获此兽,

獬　豸

林聪彝故居照壁绘獬豸　福建福州

因象其形,以制衣冠。"后来秦御史及汉使节、执法者也戴"獬豸冠"。《史记·淮南王安传》有云:"于是王乃令官奴入宫,作皇帝玺……汉使节法冠。"《集解》曰:"蔡邕曰:'法冠,楚王冠也。秦灭楚,以其君冠赐御史,'"《后汉书·舆服志》也记载了"法冠"的由来,并描绘了其形状:"法冠,一曰柱后,高五寸,以纚为展筒,铁柱卷,执法者服之……或谓之獬豸冠。獬豸,神羊,能别曲直。楚王尝获之,故以为冠。"那么楚国一国之君为何以"獬豸"兽形为冠呢?原因有两方面,一是楚也与羊有着神秘的联系。《史记·楚世家》云:"陆终生子六人……六曰季连,芈姓,楚其后也。""芈"《玉篇·羊部》释曰:"芈,羊鸣也。又姓,楚之先也。"另一方面,既然楚与羊有密切的关系,以羊鸣之"芈"为姓,那么楚王想必也信奉"獬豸"的神力,故将自己扮成獬豸形,希望能获得它的神性。而秦汉时御史、使节、执法者竞相仿效,其意也在于欲使自己具有神羊的力量。

能别曲直的神羊传说是人们所崇拜的图腾神性被夸大、被赋予一定的社会属性后产生的。到后来,獬豸神羊成了辨别是非曲直、公正执法的象征,用獬豸神羊图案装饰执法者及史官官服的制度从秦汉一直沿续到清时。北周庾信《正旦上司宪府》诗云:"苍鹰下狱吏,獬豸饰刑官。"从清代的服饰资料看,清时御史及按察使补服前后均绣獬豸图案。即使到现在,獬豸神羊仍然具有这样的象征意义。"獬豸"为一角神羊,所以现在人们用"独角兽"代称"獬豸",许多国家官员,特别是执法者将一只"独角兽"摆放案头,时时提醒自己清正廉明,秉公办事。

獬豸神羊的传说及其象征意义归根结底表达的是人们心中追求公平、公正的美好愿望。

在民间又有以羊辟邪的习俗。《杂五行书》

獬豸浮雕

云：县（悬）羊头门上，除盗贼。"《说文解字》对"役"的解释是："役……或说城郭市里高悬羊皮，有不当入而欲入者，暂下以惊牛马曰役。"《本草经》说："殺羊角，主辟恶鬼虎狼，止惊悸。"这些习俗的深层原因当是原始时代图腾氏族成员寻求图腾庇护心理的延续。原始时代就有以羊毛、羊皮覆盖屋宇的习俗。而随着社会的发展，人们要求庇护方面越来越多，于是原有的图腾也就被赋予了能分辨盗贼、明了当入与不当入者、驱除恶鬼虎狼的能力，这与獬豸神羊传说的文化心理因素是一致的。或者可以说，这些习俗的形成直接源于獬豸神羊传说。

甚至有人认为汉字中的"详"和"嶽"（岳）字与此传说有关。《说文》："详，审议也。"羊能别曲直，这是审议的事，故表审议之意的"详"字从"羊"。另外，姜羌以能断狱讼的羊为神，而羌人同时又是崇拜山的，认为山神为羊，二者结合而成"嶽"（岳）字。此也不无道理。

五、羊神与太阳神

古代"羊"与"阳"相通。《史记·孔子世家》中孔子说文王"黯然而黑，几然而长，眼若望羊。"汉刘熙《释名·释姿容》解释望羊曰："羊，阳也。言阳气在上，举头高，似若望之然也。"清毕沅《释名疏证》："古羊、阳字通。"这两个字在古代的相通，说明古时羊与阳存在着一定的文化联系。

前面说过，动植物是人们生活所依赖的东西，因而原始先民的图腾以动植物为多。除动植物外，神秘莫测的自然物也会成为人们崇拜的对象，特别是那些对人们生活有影响的，如日月星辰、云雨风电等。而天空中最引人注目、和先民们生活关系最密切的莫过于太阳了。它东升西落，给人们带来光明、温暖，使万物生长。但有时也会造成危害，如河流失水，土地龟裂、植物干枯而人畜受害。朱天顺先生在《中国古代宗教初探》一书中指出："由于太阳的性能对人类生活有很大的影响力，所以世界各国的古代宗教都有太阳崇拜。"

从朱先生的结论我们可以推断：中国的原始宗教中也是存在太阳崇拜的。太阳崇拜特征最明显，影响也最大的即是生活在黄河流域的姜姓炎帝部落。关于炎帝部落的图腾，我们不能只取一种解释，炎帝是其母感神龙首而生，炎帝本人是"人身牛首"，他的姓是羊图腾之姜姓，他的名又如班固《白虎通·五行》所云："其帝炎帝者，太阳也。"对此，我们不必大惊小怪。因为对于图腾民族来说，几种崇拜是可以同时存在的。正如弗雷泽在《金枝》中对希腊神话里的狄俄尼索斯——树神——有时表现为山羊的解释："用不着把它解释成两种不同的、彼此对立的崇拜的结合，在一种崇拜中，他原是树神，另一崇拜中则是山羊。"由此我们可以说，炎帝部的图腾应是羊、牛、龙和太阳的统一，而羊与阳的联系最为密切。在人们心目中，羊与太阳是合而为一的。这从炎帝部后来迁徙所建立的文化圈出土的文物、遗迹中清晰可见：山东济宁市博物馆藏的汉画像石四叶同心圆上饰以羊角，而同心圆是太阳的象征；山东滕州出土的汉墓画像石，中心穿璧纹玉璧同心圆上也饰有羊角；山东微山两城汉画像石，扶桑树上数只金乌，还有对猴。树下左右两羊相背，旁立一人，右上有一羊首人身之物，扶桑是托太阳升起的树木，金乌是太阳的代称，而羊也应是与太阳有密切关系的动物。古羌人生活的渭河流域现存的生产生活习俗中也保留有将阳与羊融为一体的做法：六月六忙罢后，

羊神崇拜

高妣常羲（茧蛾）占星像·山西兴县远古崖画徽铭文字

此组文字由茧、羊、飞蛾、我（人）、星（右3、下10）、月组成。中间为蛾，翅左连羊，右连"我"；羊作羊首蛾身，背负蚕茧；羊头上弯月；蛾下星象三排：上四、中四、下二，上中八为一组；"我"似为人，右下有三星。右三星或为大火星，下十星或为十月太阳历阴阳各五月。

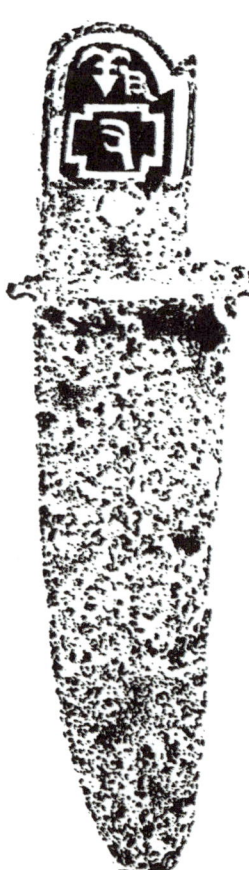

夏商周秦铜器时代羊图腾纹样

娘家会给女儿家送"曲连"即一种面做的圆饼。曲连中心圆空，似汉墓出土的玉璧同心圆，上刻羊角纹，周边饰太阳光芒。另外，在湖南等地的少数民族中，至今阳与羊相通，阳姓为大姓，羊、杨、扬、梁、欧阳等十二姓都源于阳姓，总称十二王阳。

其实，羊崇拜与太阳崇拜合一的现象在世界上许多国家都有。旧石器时代晚期的阿尔及利亚特拉斯原始岩画上有头顶着太阳的羊形象；古埃及神话中，山羊神、绵羊神和太阳神阿蒙是可以互化的。古巴比伦天文学家把太阳在黄道上的运行位置划分为十二段，称"黄道十二宫"，从春分点起依次为白羊、金牛、双子、巨蟹、狮子、室女、天秤、天蝎、人马、摩羯、宝瓶和双鱼。白羊宫为十二宫之首，意味着太阳运行之始，这也是羊阳合一观念的反映。而对于生活在7000年前两河流域的苏美尔的盆饰图案，靳之林先生认为是四羊绕太阳十字方格符号旋转的图案，表现的也是太阳与羊的合一，"这是以羊为象征的太阳，靠着羊角的流动和辅助线条的飞动旋转起来了，静止的太阳'十'字符号旋转起来了。"苏美尔人的羊崇拜与太阳崇拜的合一是可信的。因为根

西安半坡彩陶盆饰图案

据苏美尔人所记录的远古时代的神话传说写成的《圣经》明显地表现出了羊崇拜、太阳崇拜的结合：羔羊是耶稣的象征，耶稣为了拯救全人类被钉在十字架上，而十字架是太阳的象征。羔羊——太阳——耶稣是融为一体的。

奇怪的是出现在我国半坡遗址彩陶盆上的图案，与苏美尔人的盆饰图案有着惊人的相似，只是没有了羊角与羊尾。而有的彩陶盆上却有两只兽或两只兽相追逐的图案。关于半坡彩陶盆上的这两种图案，前者有人认为是鱼网符号，而后者有人认为是鹿纹。靳之林先生认为这两种图案与苏美尔人的盆饰图案是同一观念即羊

苏美尔人盆饰图案

羊神崇拜

四川羌寨羊图腾

阳一体观念的产物，后者是一个四羊旋转纹，而不可能是鹿纹。因为半坡氏族的活动地域正是古羌人生活的渭河流域，羊当是半坡人的原生图腾。而鹿是北方民族的图腾，且鹿角是分叉的；前者是四羊围绕十字方格太阳符号旋转，是省去了羊角与羊尾的苏美尔人的四羊围绕太阳符号追逐图案。

羊与阳的联系包含着很深的文化意蕴。

六、山神、土神、石神与羊神

在中国，早在原始社会时期就已形成了山神崇拜。而人们崇拜山峰的原因如《礼记·祭法》所言："山林川谷丘陵，能出云，为风雨，见怪物，皆曰神。"山峰的高大险峻，常被古人看作是具有有神力的，或者是神灵居处，是通天之途。《淮南子·地形训》说："昆仑之丘，或上倍之，是谓凉风之山，登之而不死。或上倍之，乃维上天，登之乃神，是谓太帝之居。"另外，山的奇特形状及山中各种各样的物产也引起先民们各种联想。如此种种，于是人们认为山是某种神灵的化身，或某种物体是山神，羊而被姜羌族认为是山神。

吕、申、纪、许、齐等国是炎帝后裔建立的国家，皆为姜姓，所谓"齐、许、申、吕由大姜"（《国语》）是也。而《左传》中云："夫许大岳之胤也。"《左传·庄公廿一年》："姜，大岳之后也。"《诗经》也有这样的说法。《诗·王风·扬之水》曰："崧高维岳，骏极于天。维岳降神，生甫及申。"（《诗集传》云："甫即吕也。《书》'吕刑'，《礼记》'作'甫刑'。"）由此可知，姜姓诸国的羊神崇拜与山神崇拜是统一的。羊自山出，山为羊之居处，故羊为山神。

正因为如此，有以羊或羊部字命名的山神。《古微书易筮类谋》："太山失金鸡，西岳亡玉羊。"郑元注云："玉羊华山之精。"（《渊鉴类函·华山》）《山海经·西山经》云："㹠，山神也。祠之用烛，斋百日以百牲。""㹠"为黑牡羊。《古今图书集成·神异典》引《恒岳志》："西岳华山，终南、太白二山为副。岳神姓姜，讳垒，主世界金银铜铁，兼羽翼飞禽。"

羊为山神又引出了羊为土神的传说、故事。山为地上之物，和地（土）有紧密的联系。甚至可以说山是土地的代表，山神为羊，土神也应为羊。《国语·鲁语》云："季桓子穿井，获如土缶，有羊焉。使之问仲尼，曰：吾穿井而获何也？对曰：以丘之所闻羊也。丘闻之……土之怪曰坟羊。"高诱注云："坟羊土之精也。"《广雅》亦曰："土神谓之坟羊。"

《韩诗外传》也记载了类似的故事：鲁哀公穿井，三日不得泉而得一只活羊。哀公让巫师打鼓跳舞欲使之上天。而羊不能上。孔子见后说：水之精为玉，土之精为羊，此羊肝土也。哀公让人杀羊，看到羊肝果真为土。

据说，秦始皇曾见过变成人的土羊之神，并修建了土羊神庙。《陇州图经记》云："陇州汧源县，有土羊神庙。昔秦始皇开御道，见二白羊斗，遣使逐之，至此化为土堆，使者惊而回。始皇乃幸其所见，二人拜于路隅。始皇问之，答曰：'臣非人，乃土羊之神也。以君至此，故来相谒。'言讫而灭。始皇遂令于庙，至今祭享不绝。"

因为羊为土神，从土出，所以一些地方传说"种"羊身体的一部分于土中，数日之后，土中有羊生。《渊鉴类函》引姚桐寿语云："大漠迤西，俗能种羊。凡屠羊，用其皮肉，惟留骨，以初冬未日，埋着地中，至春阳季用上未日，为吹笛咒语，有子羊从土中出。"《辍耕录》中更是搜集了各地"种羊"的方法：或种羊角，或种羊皮，或种羊脐，只需溉之以水，则羊闻雷而生。古人的想象力是丰富也很大胆的。他们打破了羊常规的繁衍生殖方法而想出"种羊"之法，这不禁使人想到当今的热门话题"克隆羊"。古人当然不知道什么基因、细胞之类的东西，但他们的种羊方法却与现今的仅提取羊身上的细胞然后复制出一只羊的"克隆法"即繁殖法有很大的相似之处，不是吗？对于"克隆羊"，我们甚至可以说它是昔日的神话被人们更完美、更科学地实现了。

羊与石也有着神秘的联系，许多地方都流传着羊化石、石化羊的神话传说。究其原因，可以说和羊为土神一样，都是羊是山神神话的变异。因为山上多石，山由石堆积而成，所以人们自然会有这样的联想。《初学记》卷二九引葛洪《神仙传》讲了黄初平叱石为羊的仙话：黄初平，丹溪人，十五岁时，家使牧羊。有道士见其善良谦恭，便将其带至金华山石室中。初平四十年不复念家，可怜其兄初起遍山寻索之而历年不得。后来初起遇见一道士，求其卜问弟弟之生死所在。道士曰：金华石室中黄姓牧羊儿定为卿弟。于是兄弟相见，悲喜语毕，初起问羊何在？答曰：羊近在山东，初起往视之，但见白石。初平曰：羊在而兄自不见之。二人俱往看之，初平叱石曰：羊起。于是白石皆化为羊，达数万只。这虽是一个求道成仙的故事，但其中的白石化羊却反映了古人崇拜山、石的观念。

流传在阿昌族中的是一个羊石互化并救人一命的故事。《云中记往·阿昌传》载，一位阿昌老人打猎时误射一人，那人死了。于是酋长要治老人的罪。但告之老人的儿子猛仰，以羊可以赎罪。猛仰求一老妇人，愿卖身买羊以赎父罪。老妇说：我吃饭尚且困难，哪里有羊？猛仰大哭：我父亲活不了了。老妇很同情他，却无力相助。送他出来时，却见门外数石皆化为羊。猛仰高兴之极，赶着羊去救父亲。次日，羊自己跑回原来的地方又化为石。据说那个地方的名字现仍为羊石沟。

《古今图书集成·职方典》引《温州府旧志》记录了一个叫"来斯滩"的地方，本以"牛羊来斯"而得名，却因一老姥指羊为石，道破天机，致使此地现无羊而唯有石存。书中说："来斯滩在北阎仙溪。昔有神人，驱石之海，

羊神崇拜

叱石成羊　清代　黄山寿作

汉墓画像石门楣

祝曰：苍苍为牛，齾齾为羊，牛羊来斯，曰骧而骧。'石皆群奔，鞭之流血。既出谷，见老姥，问之：'见吾羊否？'姥曰：'奔石也，羊吾不知。'又问：'见吾牛否？'曰：'奔石也，牛吾不知。'神人曰：'惜为汝道破。'因忽不见，惟群石存焉。"

在一些与古羌有着渊源关系的民族当中，山神、土神、石神现仍被视为家神、保护神，受到人们的尊崇，而这都是远古时代山神、土神、石神和羊神为一体观念的残余。彝族有祭"山伯"的风俗，山伯被视为是地方保护神，人们杀牲献祭，并对山祈祷，请求山伯保佑族人兴旺、牛羊不遭野兽侵害；羌族每家平顶房最高层的石塔顶上，一般供奉着一块或几块白色的石英石。传说白石神曾帮助羌族先人阻挡追兵，使羌祖幸免于难。于是白石成了羌族的标志，人们视之为保护神，虔诚祭祀；庙顶藏族视白石为天神与保护神，有的甚至认为它是最古老的祖先。他们家家户户屋脊正中都端放着两三块乳白色的石英石，凡嫁女娶妻，则搭梯上房，以酒肉敬献白石，并恭恭敬敬向白石磕头祈祷。他们相信，白石可驱鬼避邪，保佑家庭幸福、人畜兴旺。

七、左慈变羊

《山海经》中有许多半人半羊的神兽：《西山经》："崇吾之山至翼望之山……其神状羊身人面。"《东山经》："自尸胡之山至于无皋之山，其神皆人身而羊角。"而其他古籍中也记载着一些人羊互变的神话。左慈变羊就是非常著名的一个神话。汉范晔《后汉书》、晋葛洪《神仙传》及干宝《搜神记》均载有左慈之事。

左慈是东汉末年有名的方士，字元放，庐江人，少有神通。曾在曹操曹公处作客，公笑胜众宾说：今日高朋满座，珍羞略备，唯少吴松江鲈鱼。左慈说：这很容易。求铜盘贮水，以竹竿饵钓于盘中。须臾，得一鲈鱼出，众座皆惊，曹公更是大拊掌，又说：一条鱼不够在座的人吃，能得两条最好。左慈又放饵钓，一会儿又钓上一条三尺多长、生鲜可爱的鱼来。曹公亲自脍鲈鱼，周赐座席，将食，叹曰：今既得鲈，恨无蜀中生姜耳。左慈说：也可得也。曹操怕他在近道买，便说：前些天我派人至蜀买锦，你顺便告诉他，多买两匹。过了一会儿左慈回来了，带着生姜，并说：在蜀锦肆见到你的差使，已告诉他多买两匹，一年多后，曹公的差使从蜀返回，果然多买了两匹蜀锦。如果说这些都是左慈的雕虫小技，那么，他的变羊之法就更神奇了。有一次，曹公出近郊，士人从者百数。左慈备酒与肉脯，将曹公从者皆灌醉。曹公非常生气，想杀左慈，却屡屡不能得手。后来有人看到左慈在阳城山头，就去抓他。左慈走入羊群中不见了。曹公知道抓不到他，乃让人向着羊群中说：曹公不再杀你了，

傩面具羊神

炜叩请那位女子让他回番禺（即广州）。那女子说：羊城使者马上就要到，你可以随他一同去。不久，有一线光亮照进房中，崔炜顺光线看去，只见一洞穴可以窥见人间的情况。正在这时，一只白羊从空中慢慢飘下来，落到崔炜眼前时却变作一位衣着华贵的英俊男子。青衣女子便托这位羊城使者带崔炜回番禺。于是，崔炜随其一同出了洞穴，不一会儿就回到家乡，而使者却再也没见到。

八、羊与鬼

也许由于羊神为土神，出自土中，而土中是幽界即冥界之故吧，羊与鬼神也有着密切的关系。

《武帝本纪·封禅书》有云："冥羊用羊。"服虔注曰："冥羊，神名也。"冥界之神当为鬼了。《搜神记》里有一则"宋定伯买鬼"神话，其中的"鬼"是个可变为羊的鬼：南阳宋定伯夜行，忽逢一鬼。鬼问伯为谁，伯欺之曰："吾亦鬼也。"遂为侣向宛。行倦，因相担，问鬼曰："鬼何畏？"曰：鬼唯不喜唾耳。"欲至宛，便担鬼著头上，诣宛市，鬼化为羊。伯恐其变，遂唾之，因卖得钱千五百。买者将还系之。明日见绳在而羊不知何去。时人语曰："宋定伯买鬼，得钱千五百。"

从"宋定伯买鬼"神话看，当时在人们心目中，鬼神已不是无所不能了，鬼也有害怕的东西，而有时人甚至可以胜过鬼神。但这则神话也反映出羊与鬼之间存在的某种神秘联系。

不过是试一试你的仙术罢了。今天终于看到了，所以很想与你相见。忽然，一只老公羊，屈前两膝，像人那样站立着。抓左慈的人立即说：此羊是，竞往赴之。谁知群羊皆变为老公羊，并屈前膝，像人一样站立着，于是捕役不知该抓哪个为是。

汉刘向《列仙传》记载了修羊公化白仙羊而去的神话："修羊公者，魏人也。在华阳山上石室中，有悬石榻，卧其上，石尽穿陷。略不食，时取黄粮食之。后以道干景帝，帝礼之，使止王邸中。数岁道不可得，有诏问修羊公：'能何日发语？'未讫，床上化为白羊，题其胁曰：'修羊公谢天子。'后置石羊于灵台上，羊后复去，不知所在。"

人可以变羊，羊也可以变人。唐裴铏《传奇》：唐代有叫崔炜者，不慎落入一口枯井之中。只见井中有一条道不知通向何方，崔炜便沿此道摸索前行，触碰到一扇石门，一位青年女子笑着迎出门，说：玉京子送崔郎来了。崔

"羊神"可以辟邪

食羊习俗

晓梧

西安腊羊肉

西安老童家腊羊肉以其色泽红润、气味香郁、肉质酥松、咸烂可口等特点成为西安第一特产。相传当年慈禧太后携光绪帝逃来西安，曾乘御辇途经西大街桥梓口，车子正在上坡，忽闻香味扑鼻，就派人去打听，原来是一姓童的主人在煮肉。慈禧吃后大加称赞，遂由兵部尚书赵福桥的老师邢庭维手书"辇止坡"金字招牌，悬挂门上。此牌至今仍挂在门口。

清真全席羊

宁夏回族传统清真佳肴中的一种。也称"全羊大菜"。菜肴都是用羊肉烹制而成的，但菜名不用"羊"字，而是用象征性的其他名字代替。此菜是回族厨师烹饪技艺的结晶。

烤羊肉串

维吾尔语称"喀瓦甫"，是维吾尔族传统小吃。现全国各地亦有烤制。做法如下：用铁钎穿好小羊肉块，将其置于特制的铁炉上烧烤，以无烟煤为燃料，并撒有辣椒面、精盐、孜然末（调味品，味较独特），数分钟后即成；亦有人在馕坑（维吾尔族烤制食品的土坑）内烤制。烤羊肉串色泽焦黄油亮，味微辣，不腻不膻。

羊肉泡馍

羊肉泡馍是在古代牛羊羹的基础上发展起来的。宋代苏轼有"陇馔有熊腊，秦烹唯羊羹"的诗句。宋元时，随着回民大量移居西安，牛羊肉泡馍便落户西安。到了清末，西安就有"天福楼""一间楼"等泡馍馆10家。现在的"同盛祥""义祥楼"也都有五六十年的历史。牛羊肉泡馍烹调方法颇为别致，它要求进餐者和厨师合作，即先由就餐者自己掰馍，掰得越小越好，再由烹饪师烹制。煮馍时，讲究以馍定汤，调料恰当，武火急煮，适时装碗。吃时伴佐辣酱和糖蒜，讲究从碗边一点一点地"蚕食"。西安羊肉泡馍，瘦肉绵软，肥肉不腻，汤浓味鲜，老幼皆宜，暖胃耐饥。

东山羊

东山羊是"海南第一山"——东山岭的特产，自唐及今，一直享有盛誉。古代传说，东山羊吃的是石窟中的灵芝草，石洞里鹧鸪茶、红刺叶，饮的是仙人炼丹的甘泉，

故与众不同。实则是放养精细，膘肥皮嫩，炖煮后没有羊膻味，水脂交融，汤白如乳，气味芳香，味道鲜美，营养丰富。常用烹调法是红扒羊肉、火炖羊头蹄。另，用东山的老公羊和公狗、公鸡熬制而成剂，名"三公膏"，是高级滋补品。

羊鱼

福建龙岩著名风味小吃。相传清代前，是用羊肉加工而成，它兼有鱼肉的鲜美香甜味，故名"羊鱼"。如今制作"羊鱼"不用羊肉，选用猪前腿瘦肉切成米粒大小肉丁，辅以虾皮、鸭蛋、葱和少许味精，油炸而成。吃起来松软可口，香酥鲜美。

手把肉

蒙古族通常食用的一种肉食品。是一种不加盐、不加调味佐料用原汁煮熟的带骨肉。制作时，煮肉的时间不易过长，以七八成熟即可捞出锅，这样的肉既鲜美香嫩，又便于脱骨和抓食。旧时，用手把肉待客进餐，讲究配食。羊肉的一条琵琶骨搭配四条长肋骨，牛肉则以一般脊椎骨肉搭配半节肋骨及一小段肥肠。羊的胸脯肉，是用来招待将出嫁姑娘和回娘家的姑娘时享用的。祭灶时，则用羯羊胸脯肉来供奉灶神，羊的小腿骨、下巴颏、脖项肉，是晚辈的肉食。

涮羊肉

亦称"羊肉火锅"，是汉、回、蒙、满等族的传统食品。在寒冷的冬季，一家老小或亲朋好友围坐火锅旁吃涮羊肉，可谓最惬意之事。其法是将羊肉冷冻后切成长约20厘米、宽约4厘米的薄片，用筷子挟入滚沸的火锅中涮食。以芝麻酱、酱豆腐汁、韭菜花、辣椒油、酱油、醋及糖等为佐料蘸食，其味更佳。火锅中也要放一些蘑菇、木耳、海虾、海参等，以增加羊肉的鲜美。涮食羊肉的同时，可备白菜、豆腐、粉丝和新鲜菜蔬，解腻爽口。

据说涮食羊肉之法是元世祖忽必烈发明的。忽必烈南下作战，于饥饿难耐之时，顺手将厨师切好的羊肉扔进煮沸的锅中，并且马上捞出即食，竟越吃越香。后来他统一全国，做了皇帝，想起过去吃的美味羊肉，想再尝一尝。御厨奉命做来，并根据忽必烈吃肉的方法起名曰"涮羊肉"。从此，"涮羊肉"在元大都即今天的北京流行开来，而以"东来顺"的涮羊肉最为有名。近几年，不习惯吃羊肉的南方人也在冬季兴起了吃涮羊肉之风。可见美食是不受地域限制的。

酒羊肉

回族传统菜肴。制法是将羊肉切成薄片后放入滚开的黄酒中，烫熟后拌以葱姜即可食。具有肉嫩、酒香的特点，并且能开胃、活血、补身。

扒羊肉

扒羊肉是满族传统名菜，清入关后被列为宫廷御膳。其制作方法是将整块羊肉洗净后放入水锅中，加葱、姜、花椒等调料少许，小火煮至汤尽，再加入酒、酱油后炖。当汁尽肉熟时起出羊肉，切成长三条码入大碗中，浇上用酱油、葱、姜、花椒、白糖、酒及鸡汤兑成的浓汁，上笼蒸至肉烂，出笼时再滴几滴香油。特点是肥而不腻，香味浓郁。

属羊的性别歧视

吴裕成

十二生肖羊 剪纸

中国的乒乓球世界冠军曹燕华,在她36岁本命年,写了一本自传。这一年农历戊寅,是20世纪最后一个虎年。曹燕华的书名就叫《属虎的女人》。

她的这本自传,不少地方写到了生肖。曹燕华乒乓球交流中心要聘岑仰健做主教练,书中调侃他属羊,"羊入虎口还不自知"。作者写到了母亲:"常听人道:属羊的男人出门不带粮,属羊的女人辛劳一辈子。我妈,就是个属羊的女人。"可见作者对于十二生肖风俗多有了解。因此,此书书名的选择,也体现了作者"性情豁达"的性格——敢于取这样一个书名,表现了对于旧风俗的蔑视。

老年代传下的一种无稽之谈,女属羊、女属虎,不是好属相。这种旧观念,明显地存在着性别歧视。男子属虎好,属羊也不坏,轮到女子,便生出种种不好的说法,这显然是一种男女不平等现象。

且说属羊。"男属羊,黄金堆屋梁,出门不必带口粮;女属羊,命根硬,克夫克爹又克娘",还有"男属羊,出门不用带口粮;女属羊,家里没有隔夜粮",等等。同是属羊,对比的反差如此之大,这不是性别歧视是什么?类似的俗语,还有"男子属羊亮敞敞,女子属羊守空房",见1929年河北《新河县志》。

这种说法是怎样产生的?清代翟灏《通俗编·直语补证》引明代江元禧《耳目日书》谚云:"女子属羊守空房。"有种解释说,民间流传"眼露四白,五夫守宅"的说法,讲女子"眼露四白"不是好面相。羊眼据说是"露四白"的。这与女属羊根本没有关系。可是,多事的人偏要将羊与属羊者对接,把女属羊说成是不好的属相。

古时有人将羊与牛做对比,明代王逵《蠡海集》说:

牛共羊,居丑未之位。牛色苍,虽有杂色而苍多,近于春阳之生气,故闻死则觳觫。羊色白,虽有杂色而白多,近于秋阴之杀气,故闻死则不惧。凡草木经牛啖之余,必重茂;经羊啖之余,必悴槁,谚有之曰:"牛食如浇,羊食如烧。"信夫,是盖生杀之气致然也。

丑牛、未羊,这两种属相均为食草动物。同是吃草,古谚说"牛食如浇",经牛啃过,草地像是浇了一遍水,过后会重新茂盛起来;

羊就不同了,"羊食如烧",经羊吃过,草地是要大伤元气的。这种对比靠得住吗?草地的退化,原因主要在于过度放牧,而并不在于牧牛还是放羊。至于借助阴阳方色的分析,就更站不住脚了。牛居丑,丑位在东北隅,按照阴阳五行之说,那是代表冬将尽、春将临的方位,故言"近于春阳之生气";而羊呢,未位在西南,西是秋的方位,所以说它"近于秋阴之杀气"。还说牛、羊面对屠杀,表现不一样。再一条,讲皮毛的颜色。羊"杂色而白多",不同于牛的"杂色而苍多"——白属金,主杀。那位明代人的结论,相信"生、杀之气",导致了牛羊之别。

《蠡海集》的这段文字,如果作为对于丑牛、未羊两属相区别的解说,是不足取的。说到底,属相只是纪年的序号,虽用牛羊鼠马当标志,但这些序号与生肖动物的习性并无关联。

然而,假如对这段文字做逆向思维,以它作为生肖文化研究的溯源线索,则可以提示我们:当初牛之配丑,羊之属未,它们的毛色或许是起了作用的。不妨设想,古人排十二生肖,就像东苍龙、西白虎、南朱雀、北玄武一样,先有一个阴阳方色的框架。将十二生肖安排到框架中去,牛之苍、羊之白,以及猪之黑、马之紫,都成了帮助构思的因素。

属相只代表年份,并不能表示其他。

乙未年金银纪念币发行

为迎接羊年,中国人民银行于2014年10月10日发行2015中国乙未(羊)年金银纪念币一套,该套纪念币共16枚,其中金币9枚、银币7枚,均为中华人民共和国法定货币。

该套金银纪念币正面图案均相同,为中华人民共和国国徽衬以连年有余吉祥纹饰,并刊国名、年号。主景图案由雄伟的天安门、饱满的麦稻穗、肥美的大鲤鱼、盛放的荷花等元素构成,观感庄严、美观,彰显大国鼎盛之气象,体现出我国钱币设计师的精深造诣。

16枚金银纪念币背面图案的设计分成两种:一种为写实羊造型,一种为装饰羊造型。图案虽仅有两种,但在圆、方、扇、梅的外观映衬以及金、银、彩的工艺渲染下,依然是精彩纷呈,令人耳目一新。

孔子曰:"水之精为玉,土之精为羊",羊是人类最早驯养的家畜之一,历来与人们的日常生活关系密切。据考证,我国早在8000多年前就开始养羊了,而从猎羊古岩画中看羊的驯化历史更是在万年以上。羊的温顺、文雅品质一直陶冶着人们,《诗经·召南》中就有"文王之政,廉直,德如羔羊"的说法。币中的盘羊更显真实、传神,就像站在草原中了望,为乙未羊年寄寓了希望与梦想。

游艺娱乐习俗中的羊

何阿君

斗羊　中国画　石鲁作

游艺娱乐习俗与人们的物质生活、精神生活都有着密切关系,有些甚至就是现实生活的反映。从与羊有关的民间游艺娱乐习俗中我们可以看出这一点。

叼 羊

叼羊是哈萨克、柯尔克孜、塔吉克和维吾尔等族传统的民间体育游戏,表现骑手的勇敢和娴熟的马术。清王树枏《新疆礼俗志》中对叼羊比赛有记载:"叼羊者,倒羊擿于地,群年少子弟飞骑拾之,擭诸马上,彼此驰逐相攘夺,支解血肉,赫然落,众人随之以攫一脔,致亲友为吉祥喜事,受者亦必厚报之。"现在流行的叼羊比赛一般有两种形式:第一种是将一只割去头、蹄、内脏的山羊置于马背上,由一名身强力壮的骑士策该马飞驰,其他人则骑马追赶。以夺得羊并将羊送到指定地点的人为比赛的胜者;其二,将山羊放置地上,若干参加比赛者骑马飞奔从地上拾羊。骑手们你争我夺,各不相让,羊一会儿在这位骑手手中,一会儿又到了另一位骑手的马背上,赛场上呈现出十分激动人心的情景。旁观者也都被这激烈的场面感染了,高声为赛手们呐喊助威。最后得到山羊并放到指定地的人为胜者。有的地方不是这种单骑式叼羊赛,而是两队之间比赛。参赛双方人数相等,骑马立于起点,当裁判发令后,两队迅速骑马抢夺。得羊一方在掩护配合下将羊带到终点为胜。按习俗,要将羊当场烤熟,请众骑手分享。

叼羊多在节庆时举行。塔吉克族在春节时举行叼羊、骑马、摔跤比赛。哈萨克、柯尔克孜在古尔邦节、那吾鲁孜节即辞旧迎新的节日举行叼羊比赛。锡伯族农历四月十八有娘娘会,届时有叼羊等活动,以纪念锡伯族西迁戍边。另外在结婚等盛大、隆重的喜庆仪式上,人们也要进行叼羊比赛,以增加欢乐的气氛。

叼羊　新疆

马虎咬羊·抓羊

山东胶东一带民间有一种"马虎咬羊"的儿童集体游戏。所谓"马虎"即狼，胶东方言称狼为马虎。《莱阳县志》："群儿择广场，手携作环，一儿为羊，环者护之。一儿为狼，乘间逐羊。狼每冲突出入，环节捶击，谓之马虎咬羊。"

青海互助土族自治县民间也有类似的儿童游戏，称为"合尼瓦日"，意为"抓羊"。玩时，一人扮成狼；另一人扮成牧羊人；其他人则都为羊，紧跟在牧羊人后面，一人抓住另一人的腰带或衣后襟。狼要吃羊，牧羊人则张开双臂灵活机智地阻挡狼，努力保护后面的羊不被狼捉住。而羊都紧跟牧羊人左拐右弯、前冲后退、左右转圈，以避开狼的袭击。被狼抓住的羊不能再参加这轮游戏。羊全部被狼捉住，游戏才算结束。当然，也有的牧羊人非常会保护他的羊，使狼难以下手。整个游戏活泼激烈，深受孩子们的喜爱。

马虎咬羊"与"抓羊"虽只是以羊命名的儿童游戏，但反映的实际上是人们牧羊生活中遇到的某种真实情景。

罕越——赶羊走

相传土族在首领的率领下从大本营里赶出羊等牲畜，向外扩大草场，扩张势力范围，迁徙争霸。这种畜牧生活内容后来被人们用一种游戏表现了出来：罕越，意为"帝王走"或"首领走"。这是一种棋类游戏，根据其游戏的方法，实际亦可称为"赶羊走"，流行于青海土族地区。弈棋方法是：在地上画一正方形，内再用线分割成三角形、小正方等，四人对弈，每人占正方形一边，各下棋子九枚，棋子被称为"羊"。目的就是以自己的"羊"占据其他三方的地盘，并吃掉其他三方的"羊"。弈此棋不受时间限制，多在劳动间隙或农闲时弈之。

柯尔克孜语的"奥尔多"即"抢占皇宫"的游戏也带有畜牧生活的印迹。游戏时用木棍在地上画一直径约6～7米的圆圈，中放羊胛骨若干，骨上放一银币代表可汗。分两队参加，每队5～7人。老年人作裁判，双方队长从圈内各捡一羊胛骨，裁判向上扔后以羊胛骨立地的队先开始。双方轮流用牛羊角制成的小方块自远处击圈内的羊胛骨，先将羊胛骨全击出圆圈的队为胜方。这个游戏表达的也是人们希望草场扩大、畜群增加的理想。

嘎什哈——玩羊拐

"嘎什哈"为满语音译，是一种用羊（也可用猪、牛、狍子、獐、鹿等动物的）膝盖骨做成的传统游戏器具，俗称"玩羊拐"。"玩羊拐"是流行于我国东北、北方地区蒙古、满、达斡尔族中的一种传统游戏，玩者多为儿童和妇女，玩法颇多，大致有"弹"和"抓"两种。所谓"弹"就是先将嘎什哈平均分给游戏者，再按约定每人拿出相同数目的嘎什哈合在一起，第一人将合起来的嘎什哈掷散，然后将其中一个弹向另一个形状相同者，若弹中，则取其中一个归己，弹时不得碰撞其他散落地上的嘎什哈。若弹不中，则由其他人依次掷弹，以弹中最多者为胜。所谓"抓"，就是将嘎什哈散开后，按其四种不同形状依次"抓分"，如先抓背面，就将羊拐散开，然后用手抓呈现背面者，一次至少抓两个。如此重复，并计分，抓到一定分数后，再抓另一面。玩时，用一只手抓着四五只羊拐，将其中一只抛向空中，同时将手中的其他羊拐散开，再接住已落下的羊拐。然后看散开的羊拐是否有两个以上的形状为要求抓的形状，若有，则将手中的羊拐抛起，然后迅速抓起形状相同者，并接住抛起的这只；若没有或只有一个，则须将其他的一两只翻成这种形状再抓，而抛——翻——抓——接应在一瞬间同时完成，而且抓时不能碰着其他的。抓嘎什哈要求动作准确、迅速。如果出现失误，则由另一个人玩。

玩羊拐是蒙古族、满族妇女儿童喜欢的一种游戏，特别是新年守岁时，以玩此游戏为乐。这种游戏也在北方汉族儿童中流行。20世纪50至60年代出生的北京女孩子大多都玩过这种游戏。

羊角鼓

羊角鼓是满、汉等族的民间舞蹈，通常是舞者左手持鼓，右手握鼓鞭，边打边舞或边唱。流行于北京、甘肃、宁夏、陕西等地。因鼓是用羊皮绷裱，亦称"羊皮鼓"。有的地方称"腊鼓"、"长鼓"、"单鼓"、"太平鼓"等。

羊　剪纸　陕西延安

起源很早，唐时已有，明代很流行。《帝京景物略·花市》云："童子摇鼓，傍夕向晓，曰太平鼓。"程先甲《游陇丛记》卷二："正月初，兰州城内有腰系鼓遍行街巷，且行且击，其声震人，谓之羊角鼓。据地方人云：'甘地寒气闭塞，春初非击此鼓则地气不融和、岁必不熟……'。"可见敲羊角鼓除了娱乐外，还有祈福祝祷的含义。通常在新年花会、社火中演出。有传统的舞步和队形，分拉抽屉、穿胡同、单蝴蝶、对蝴蝶等几十种打法。北京太平鼓演出者一般为女童或乡妇，打鼓时伴有《太平年》歌唱。兰州羊角鼓表演者则多为男性，击时龙腾虎跃、花样繁多，鼓声震天，异常雄壮。

唱　羊

青海互助土族自治县的土族有在喜庆节日演唱"合尼"的习俗。"合尼"是土族语音译，意为"羊"，是土族民间长篇叙事歌曲。歌词内容都是关于羊的，如绵羊的生育、生长、习性特点，绵羊被宰后如何肢解，又如何一一献给众神和贵客等等，还涉及地形物产及农牧业等多方面知识。歌词运用了生动的比喻，诙谐幽默，唱时采用一唱一和的形式。土族歌手以演唱"合尼"为荣，人们把唱"合尼"的人称为"合尼其"，意思是"羊"唱把式。

满族太平鼓舞

羊年话羊

羊年话羊

刘孝存

羊　石雕　北京白云观

羊在十二属相中排列：第八位

所辖时辰：午1时到午后3时（13点-15点）

属羊人的出生年及年龄：（到2015年）

农历：己未；阳历：1919年；96岁

农历：辛未；阳历：1931年；84岁

农历：癸未；阳历：1943年；72岁

农历：乙未；阳历：1955年；60岁

农历：丁未；阳历：1967年；48岁

农历：己未；阳历：1979年；36岁

农历：辛未；阳历：1991年；24岁

农历：癸未；阳历：2003年；12岁

有人认为：在中国的历书中，羊是最富温情的属相。出生于这一年的人被称为乐善好施者。他们往往为人正直、亲切，易被别人的不幸经历所感染。他们脾气温顺甚至有些羞怯。他们的各方面都处于高潮时，往往是风度优雅的艺术家或有创造性的工人，而当他们处于事业及其他方面的低潮时，则是一个忧伤多感甚至悲观厌世者。

属羊人常因举止优雅，对人富有同情心而被人称道。他们能轻易谅解别人的过错，理解别人的难处。他们不喜欢十分严格的约束，不能很严格地要求自己，对人也很少加以批评。他们喜欢儿童、小动物，是自然主义者。他们很会理家。尽管他们温和，不善于反抗，但在压力下要求他们去做事也是不可能的。

属羊人克己的外表和内心的主见容易表现出不安的状态。遭到惊吓时，他宁愿含怒不语，也不愿将自己的想法加以反复说明，更不愿表现出他的扫兴。他在沉默的僵持与愠怒中坚持己见。属羊人大多在童年时代都是受父母娇惯

2010年广州亚运会会徽

会徽由亚洲红日与五羊雕塑为主要图案，设计富有激情，视觉冲击力强，而且包含了广州标志性的文化符号"五羊"。

喜洋详　中国福利彩票

羊年话羊

的。中国人相信福运之星总是向属羊人微笑，因为他们有颗纯洁、善良的心。他们在时间上慷慨，在金钱上大方，当你落难无处安身、囊空如洗时，你要相信属羊的朋友决不会见你困境而不顾的。属羊人一生中总有三大件：食品、住所、衣物。无论走到哪里，他都喜欢与人交往，对愿和他合作的人以诚相待。一个人属羊意味着他将来有美满婚姻。他不仅会得到生活伴侣的爱，同样也会得到其他亲属的爱戴。据说生于羊年冬季的人一生会遇到多种坎坷，因为冬季对羊来说是一个无食季节，在这个季节中羊是要挨饿的。但无论属羊人陷入何种逆境，他始终不必太为生活必需的条件发愁，人们会在他受难时，加倍关心他。

属羊人遇到自己有兴趣的事时，常以非强制性手段实现自己的愿望。他们不愿做的事，也总是以极大耐心和忍耐力借口推辞。人们不会知道他们的情绪变化，除非激怒了他们。总

生肖年寄语　年画　天津杨柳青

图上寄语：羊年造作更多能，家道人和万事兴。斗金一日何难进，福禄兼全寿亦增。

之他们最善于平息风波，造成圆转的和谐气氛。但他们也有做不到的时候，便会跑回家去。求"大哥哥"帮助。

属羊人遇事转弯抹角的态度会使其他人感到讨厌和恼怒，但没有办法，这就是属羊的脾气。他们当中那层次较低者更是让人火冒三丈，别指望他们会将心里话一次都掏给你，你必须通过接触，一点一点地去了解他们。并要时时向他们表明，你任何时候都不会发火。同属羊人说话时要给他们留有余地，听他们讲话时如以为是，便频频点头表示赞同，这样他们才能同你很好地交流。属羊人的时间观念不大强，所以你同他们接触要不断重新安排你的时间。如果这一切均不见效，你可以用强硬的手段对付他——拍桌、跺脚、大喊大叫，像一头愤怒的狮子。之后你会发现，这种"伤害"会适得其反，使你们之间的紧张的空气很快消散。

性情温柔的属羊人需要与强者及能控制他们的人为伴。他们要在严格的制度下工作，才能发挥自己的才能。态度强硬的秘书和带有强制性性格的同事会使他们的工作效率大大提高，尽管有时对他们的要求近乎无理。简言之，要想办法用各种方式去掉他们的依赖心理。

属羊人总将自己束缚在自我的小圈子里，他们离不开自己的家庭，也不能缺少喜爱的食物。他们不会忘记自己的生日及其他节日，每到这些特殊的日子，他总以炫耀的形式来庆祝，特别是对他自己的节日，他是倍加敏感。如果你忘记向他祝贺生日，或者当他住院时你忘记去问候，他会感到忧伤、心碎，也许一生难以忘怀。

属羊的年轻妇女经常会花很长时间化妆，打扮自己，以显示自己的漂亮。她们做事缓慢，像个瓷娃娃。属羊的中年妇女好洁成癖，十分注重个人卫生，讲究处处干净、整洁。她们把自己的孩子擦洗得干干净净，像是要送去展览的样子，她们挑服装及身上的佩戴物都很讲究，她们精通衣料，设计橱窗无懈可击。

属羊的姑娘会坦诚地表示出她对所喜欢的人的感情，把他当作自己最可依赖的人。如果

羊年话羊

乐羊羊　2010年广州亚运会吉祥物

她不喜欢你，那么她也只能不理睬你，而不会手持木棒将你赶出去；如果她对你中意，也只是握握你的手。她讲话时，"是"也许意味着"不是"，而她所表示的"不"，就是说"可以"的意思。

羊年出生的人会用小聪明弥补自己的薄弱之处。他们善于利用巧妙的手段与暗示获得自己渴望得到的东西。他们精于软战术，所以不能低估他们，否则会莫名其妙地丢盔卸甲败下来。他们诚恳、镇定的态度，说话时悲天悯人的语气，对于摧毁他人心中的强大堡垒十分奏效。他们即便在法庭上为自己辩护，仍以那真诚感人的态度代替了更多的语言，获得人们的信服。

当然一个例子不能说明所有的问题。大多属羊人虽然随遇而安，但他们对于荒唐的错误还是持不满态度的。总的来说，人们还是喜欢他们的，因为他们心地善良，本质好，他们乐意与他人分享自己的所有，因此与人们相处得很好。

且让我们来看"羊文化"：

美，从羊从大，肥大的羊为美。羊，是和肥美、丰富、吉祥伴随在一起的。

羊的象形字为：

羊，属于哺乳动物，我们一般所指的"羊"，是山羊和绵羊。以"羊"为名的部分牛科动物，其实有不少种类。如：

羚羊。四肢细长，蹄小而尖。有的雌雄均有角，有的仅雄性有角。一般生活在旷野和荒漠，有的栖息于山区地带。羚羊种类很多。产于我国的有原羚、膨喉羚、藏羚和斑羚。产于我国新疆及原苏联的赛加羚羊（也称"高鼻羚羊"）之角，为药用羚羊角。

黄羊。又称"蒙古羚"。体长可达1.3米；角短，上有轮嵴；颈细长，尾短，肢细，体毛以棕黄色为主，腹部为白色。一般栖居于丘陵、平原、草原和半荒漠地带。以草类和灌木为食。分布于我国内蒙古、甘肃、青海、河北、吉林等地。其肉可食用，毛皮可作皮衣或制革。据说内蒙古草原和荒漠地带有许多黄羊，大约是远离人类社会的缘故，它们甚至不怎么怕人。人驾汽车、摩托车在草原夜行，如果车灯照在黄羊群中，黄羊会站在原地不动，不知是出于好奇，还是被灯光惊呆了。20世纪60年代初期的"三年自然灾害"期间，有大批黄羊被猎杀。

羊年话羊

岩羊。也称"崖羊"。体长约1.2米，头长而狭，耳短小，角粗大，先向上，再向两侧分开，然后指向后方。冬天，它的体毛呈土黄褐色，两颊和腹部呈白色。岩羊行动敏捷，善跳跃，早晚间多下山盗食农作物。分布于内蒙古、甘肃、陕西、四川、贵州、青海、新疆及西藏东部，其肉可食，毛皮可做褥垫或制革。

山羊。为我们称为"六畜"之一的"羊"的一种，体较长，颈短，角为三棱形呈镰刀状弯曲。颔下有须，喉下常有肉髯（有时被成人戏称为戴胡子的）。尾短上翘。毛粗直，多为白色，也有黑、青、褐或杂色。性活泼，喜登高，以短草、灌木和树叶为食。寿命15年左右。主要用于产肉、乳和毛皮，山羊绒为毛纺工业原料之一。

绵羊。也是"六畜"之一的"羊"，体躯丰满，毛绵密，多为白色。其头短，公羊多有螺旋状大角，母羊无角或角细小。喜食短草。其尾形不一，有长瘦尾、脂尾、短尾、肥尾之分。胆怯，合群性强。寿命为25年左右。以温带、寒带分布最多。主要用于产毛和肉。绵羊有"细毛"、"半细毛"、"粗毛"、"早熟肉用"、"裘皮用"、"羔皮用"等类型。

此外有"青羊"。其形类似家养山羊，但颔下无须，角小，冬毛为灰黑色或深棕色，夏季毛色较暗。常栖于山顶岩石间，善跳跃，分布于我国中部、南部和东南部。其毛皮可做皮衣，肉可食用。

羊，与人类的生活也极为密切。它是除狗之外，最早被人类驯化并引为家畜的动物。它与人类"相依为命"，已达7千年至1万年之久。在这漫长的岁月中，人们以羊肉为美食；以羊奶为饮料，为营养；以羊皮为衣、为褥；以羊毛为绵、为絮；以羊角、羊胆为药……很难想象，如果没有羊，人类何以如此繁衍、发展。

羊　剪纸　山东

乙未贺岁

古时,"羊"与"祥"相通,羊即为祥,祥即为羊。所以,人们又称羊为"吉羊"。三只山羊在一起的造型或三羊图,民间称之为"三羊开泰"。泰,即平安、安宁;开,为打开、开辟、开通。开泰,即开辟平安,也就是保祐平安,或平安顺利。

吉羊图　中国画　现代　程十发作

吉祥秋韵　中国画　现代　姚占芳作

羊年话羊

羊，为古代用于祭祀的"三牲"之一。人们将吉羊奉献给祖先、神灵，不仅表示恭敬，也祈求祖先和神灵赐福、保佑。

人们对羊的印象是：它肥美，但弱小；它温顺，但过于胆怯；它与世无争，却常常受到欺凌。依据这些印象和羊的特征、特性，在汉语词汇中，出现了许多带"羊"字的词语、格言和歇后语。如：

十羊九牧。十只羊，九个人放牧。旧时喻民少官多。牧羊，是为了获利，或吃肉。如果羊少人多，获利就会甚微；如果当官的多了，搜刮民脂民膏的就多了，人民将不堪其苦。此语也喻使令不一，令人无所适从。羊由牧人管理，有九个牧人，让羊听谁的？九个牧人，没有九种"命令"，也会有四五种"命令"，着实是让羊们为难了。

亡羊补牢。亡，为丢失；牢，为牲口圈。全语为"亡羊而补牢，未为迟也。"比喻发生错误以后及时纠正、补救，还不晚。这就看什么错误了——成语中还有"一失足成千古恨"呢。

乙未贺岁

十二生肖艺术丛书·乙未

歧路亡羊。歧路，为岔道；亡，为丢失。意为岔道太多，丢失的羊找不到了。比喻事理复杂多变，难以找到正确的答案。

羊肠小道。形容山路狭窄曲折而险峻，好像羊的肠子一般。

羊质虎皮。意为本来是羊，只是披上了虎皮。喻外表吓人而实际上无用。

羊狠狼贪。原指为人凶狠，争夺权势。《史记·项羽本纪》有"猛如虎，狠如羊，贪如狼"之句。猛如虎，贪如狼，很好解释；只是不知怎么来了个"狠如羊"？不知羊是否真的有股子狠劲。

顺手牵羊。顺手把人家的羊牵走。比喻乘便拿别人的东西。武术中也有此招数。

挂羊头，卖狗肉。比喻用好的东西作幌子，来推销劣等货色。与"口是心非"相近。

羊群里出骆驼。比喻芸芸众生之中出了个特殊的、超拔的。

羊羔吃奶——双膝跪地。或：一一齐跪。

羊闯狼窝——白送死。

羊群里跑出个兔子——数它小，数它精。

羊肉只当狗肉卖——贱价求售。

羊身上取驼毛——想得出奇。

羊在我国的神话传说中，似乎不占有重要地位。《西游记》中，在车迟国兴妖作法的有一个"羊力大仙"（羊精），但它是有"虎力大仙"（虎精）和"鹿力大仙"（鹿仙）作伴的。似乎没有什么大祸害，也没有什么大神通，从而也没有从书中走向民间。《柳毅传书》中有龙女牧羊，这羊好像是海兽所化，也没有危害人间。比较有名的要数"羊城"五羊。相传在周代，南海有五位仙人骑着五只羊，来到后来成为我国南方名城广州的地方。这里虽然土地肥沃，却一片荒蛮。五位仙人来到里，留下了谷穗，然后又腾空而去。从此，这里的人们有了种籽，荒蛮的原野上长出了庄稼。后来，这片富饶的土地发展为城市——这就是广州，也称"五羊城"。广州的城徽为五只羊。

我国历史上，有一个著名的"苏武牧羊"的故事。苏武，字子卿，为西汉人。他的父亲苏建为将军，以军功封平陵侯。苏武是苏建的小儿子。汉武帝的天汉元年（公元前100年），

五羊仙图　中国画　当代　刘济荣作

羊年话羊

五羊图　中国画　当代　方楚雄作

白玉五羊摆件

苏武以汉中郎将的身分执旌节出使匈奴。但是他一到匈奴，便被匈奴扣留下来，并逼他投降，苏武拒绝投降，匈奴单于就命人将他关在一个大地窖中，不给饮食。苏武在地窖中吞吃了铺盖用的毛毡和风吹进去的残雪，才没有被饿死。后来，单于便将他放逐到北海（今贝加尔湖）边上，并且说："等到公羊生了羊羔的时候，就可以放你回去。"苏武手持汉使的旌节在贝加尔湖边牧羊，没有东西吃的时候，就掘野鼠的洞（野鼠洞中有粮食或其他可食之物），挖草根来吃。就这样，苏武在匈奴流落了十九年，才被放回去。苏武出使匈奴的时候正当壮年，回到汉朝的时候，他已经须发皆白。苏武因坚持民族气节而名垂后世。

羊与我国少数民族，特别是游牧民族的关系，更为密切。

在白族的民间传统娱乐中，有"跳山羊"的活动（也为汉族各地常见的游戏），流行于少年儿童中。玩的办法是：由一个或数人两腿伸直，上体向前弯曲90度，低头，双手按地或抓住脚颈如同山羊的样子。另一个或数人手按其背跃过，数人进行。必须连续跳几次，跳不过去的人，则去代替原来的"山羊"。

流行于哈萨克、柯尔克孜、塔吉克等民族的马上游戏为"叼羊"。在喜庆的节日中，骑手分几队聚集在开阔的草坪。一只羊放在几百米之外，一声令下，骑手们便冲上前，共同争夺。也有的由一青年骑手持着羊从马队中冲出去，后边的人紧紧追随，有的配合争夺那羊，

苏武牧羊　　中国画　　清代　任伯年作

由每队选一名骑手参加。取得胜利的人，当场把羊烤熟，然后与大家分享。

我国北朝有一首著名的民歌为："敕勒川，阴山下，天似穹庐，笼盖四野。天苍苍，野茫茫，风吹草低见牛羊。"

北京著名的冬季佳肴为"涮羊肉"。涮羊肉，也叫"羊肉火锅"，它的历史悠久，据说早在1400年前，就有了铜火锅。代表性的涮

羊肉要选用内蒙古集宁绵羊（已阉的公羊），用其"小山岔"部位的肉，冷冻后，再以刀切成薄片，在铜质锡衬的火锅内涮食。另配有芝麻酱、酱豆腐、韭菜花、虾油、糖蒜等佐料蘸食。火锅中放口蘑汤，另备白菜、粉丝等，以调腻口。主食则多用小烧饼。也有传说称涮羊肉为成吉思汗所发明——在战场上，因为军情紧急，来不及煮、烧羊肉，成吉思汗命人将肉切成片在锅里涮一下即吃。结果这"涮羊肉"味道鲜美，另有一番风味。后来，此种吃羊肉的方法便流行起来。这也是很有可能的。有些食品的制法，的确是偶然行之。当今，涮羊肉在北方地区普遍流行。

白族跳山羊

苏武牧羊　画工字画　清代　江苏苏州

　　苏武是一位妇孺皆知的汉民族英雄。苏武，字子卿，汉武帝天汉（公元前100年—前97年）初，以中郎将出使匈奴。单于逼降，苏武不屈，被幽困大窖中，绝饮食。苏武吃雪与旄毛得不死。又被徙北海无人处，使其牧羝，廪食不至则挖野鼠草食等充饥。手握汉节，旄毛尽落。留匈奴十九年。昭帝（公元前86年—前74年）在位时，匈奴与汉和亲，帝命将苏武放还汉朝，匈奴诡言苏武已死。曾随苏武出使早归者光禄大夫常惠，告使者云：天子射雁上林，雁足系苏武书信。使者回报单于，苏武终于持节不屈而还。宣帝（公元前73年—前49年在位）赐爵关内侯，图形画像于麒麟阁。

　　图写枯木寒林，四野空旷，苏武持节苦不胜寒。身旁惟有青、白二羊相伴。描写了苏武不畏强暴，忍受折磨，宁死不屈的持节情操。

叨羊图（局部） 中国画 现代 黄胄作

火锅涮羊肉

近些年，北京街头还流行吃烤羊肉串。烤羊肉串原为新疆及西北地区人们喜欢吃的食品，后传入内地。

在西方的神话中，有"金羊毛"一说。据

烤羊肉串

说金羊毛是人人都想得到的珍贵财宝。此外，还有"替罪羊"的故事。替罪羊为犹太教、基督教圣经故事中替世人承担罪过的羊。据《旧约圣经》记载，古代犹太教每年举行一次祭祀，用羊来替全民族赎罪。该羊由大祭司将手在其头上按过后，它就承担了全民族的罪过，然后被赶入旷野。基督教承袭此说，并将耶稣比作世人负罪而被杀祭献的羔羊。在西方，人们以"替罪羊"比喻代人受过者，此词语后来也在我国流行。

其实我国古代也有类似为"替罪羊"的故事。《三国演义》中：诸葛亮率军征南，七擒七纵蛮王孟获，从而使蛮方深感诸葛亮的恩德。诸葛亮带军班师回蜀时，前军到达泸水边上，"忽然阴云布合狂风骤起，兵不能渡。"诸葛亮问孟获，孟获说，此水中有猖神作祸，过往者必须要祭祀，祭物为七七四十九颗人头再加上黑牛白羊。诸葛亮不愿意妄杀一人，便让人宰杀牛马，和面为剂，塑成人头，里边充以牛羊肉，取名为"馒头"，并用来祭泸水猖神。这也是我国北方人常吃的"馒头"的由来吧？不过我国北方现在的馒头是不夹肉馅的。做"馒头"之前，诸葛亮曾说："这是我的罪过啊。

从前马岱带领蜀兵千余人，都死在此水中；此外还杀死了不少南人，都丢弃在这里了。"如此，羊便真正成了"替罪羊"。基督教和犹太教中的"替罪羊"只是被按一按头，诸葛亮渡泸水用的"替罪羊"、"替罪马"、"替罪牛"，却真的头落地了，这叫来了"真格"的。牛、马、羊是无可奈何的，但这也是一种贡献。

基于对羊的印象和认识，人们对"羊年"的印象是：这是一个平稳的年头。在这一年中，人们得以休养生息，和睦相处；同时，这也是艺术之年，人们会更加富于想象力。

人们喜迎羊年的到来，因为人们热爱和平，喜欢艺术，喜欢安居乐业的生活而且永远都在幻想。

人类社会，大约是永远离不开羊的。

肥美的羊，不仅仅养育了游牧民族，也养育了整个人类。

我们真该唱一支"羊之歌"。

羊　剪纸　山东

未羊生肖邮票

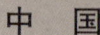

 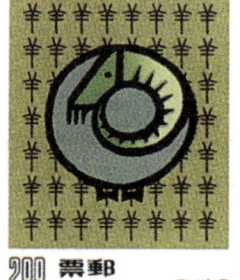  

加拿大　　　　　　　　　韩　国

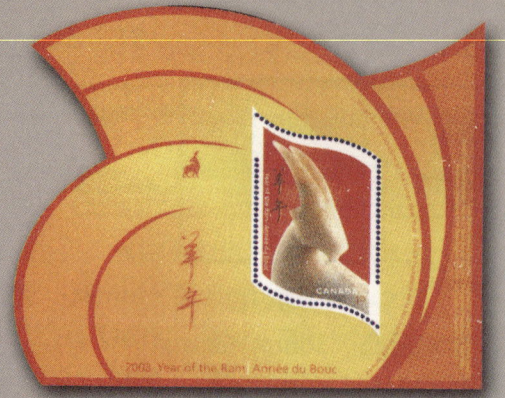

南　非

吉尔吉斯斯坦

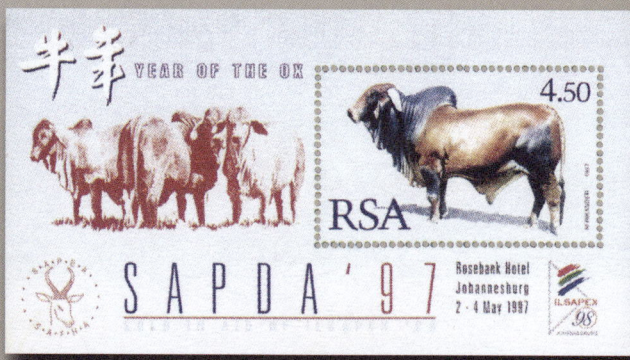

老挝

日　本

美治琉球

尼加拉瓜

法属波利尼西亚

哈萨克斯坦

不丹

汤加

格林纳达

菲律宾

索马里

冈比亚　　　　　　　　　古巴

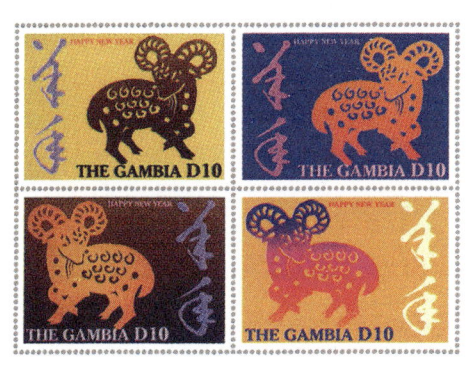

塞拉利昂　　　法属波利尼西亚

圣诞岛（澳）

英属泽西岛

格林纳达属格林纳丁斯

多米尼加

安提瓜和巴布达

泰国

帕劳

蒙古

莫桑比克

加 纳

朝 鲜

乌拉圭

图瓦卢

爱尔兰

圭亚那

新喀里多尼亚（法）

赞比亚

马绍尔群岛

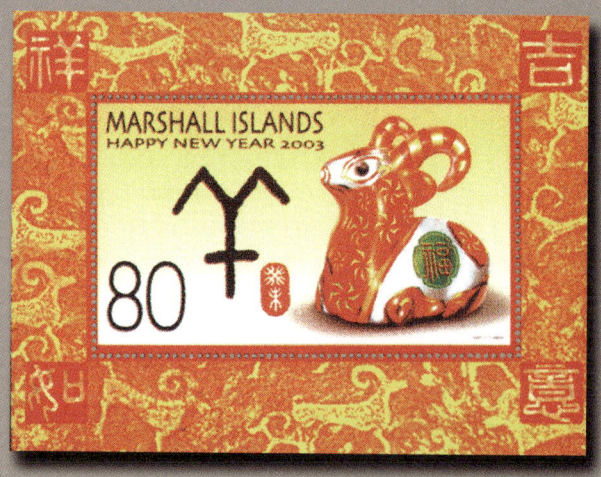

新西兰

乌干达

荷属安的列斯

托克劳（新）

"白石道人"

吴裕成

东汉刘向《列仙传》记有修羊公的故事。华阴山上一个石室中，悬挂着石床，修羊公在石床上修行，时日既久，石床都被磨出孔洞。修羊公长卧，只进食一些黄精。一天，汉景帝有诏书来，问他何时能显一显道法？传旨话音未落，石床上的修羊公已化为一只白石羊，羊肋部有字迹"修羊公谢天子"。后来，白石羊不知所在。在道教仙人故事中，这是流传颇广的一段。明代万历年间刊刻《有像列仙全传》载修羊公画像，画面为石台上一只卧羊。

道教的仙人传说，与羊相关的故事还有黄

明代《有像列仙全传》中的修羊公插图

羊的雅称，有长髯主簿、膻根、柔毛、火畜、白石道人、未日主人，等等。未日主人，出于生肖属配，见《抱朴子·登涉》。白石道人，见于《事物绀珠》。

白石道人的异名，涵盖了两方面的内容，一是人化石羊的传说，一是石头化羊的传说。羊与石，在古人的想象中，似乎有着不解之缘。在古人以幻想构筑的精神家园里，羊与石的故事，成为一枝奇葩。

明代《三才图会》黄初平叱石成羊

浙江金华金华观　吴本华摄

"白石道人"

初平叱石成羊。黄初平，或名皇初平。东晋葛洪《神仙传》的故事说，黄初平十五岁时外出放羊，被一个道士相中，带到金华山石室。黄初平四十年不回，也不与家人通音讯。他哥哥黄初起四处寻找，找不到他，就向一道士问卜，道士说："金华山中有个牧羊儿。"黄初起跟随道士前去，果然找见了黄初平。黄初起问弟弟："你放的羊在哪里？"黄初平说："近在此山之东。"一同去看，只见漫山白石。黄初起疑惑之际，黄初平一声喝："叱，叱！羊起！"满山的石头变成千万只羊，站立起来。黄初起经历此番奇遇，也舍弃家庭妻儿，留在山中学道。哥俩都成了仙，黄初平号赤松子，黄初起号鲁班。明刻本《三才图会》有表现叱石成羊的情景。

后来，黄初平被民间奉为黄大仙。在金华，金华观建在山顶，主殿内保留着山脊状的白石，石与大山一体，分成许多顶尖，比人还高，石上有"叱石成羊"的题刻。殿檐外，也有类似山石冒出地面。山石的巧用，很艺术地表现了叱石成羊的传说。黄大仙崇拜还传到港澳及东南亚地区，香火也盛，各处庙观都以金华为"仙乡"。在香港赤松黄仙祠，大殿前立有"金华分迹"石坊，以示正宗。

民间传说又有鲁班鞭石成羊的故事，大约与黄初起号鲁班有关。既然黄初平成仙能够叱石成羊，人们会想象，成仙后的黄初起，也可以挥鞭赶石，如同羊群。广为流传的赵州桥传说，讲鲁班修桥，石料是他赶"羊"赶到河边的。有关北京西便门的一则传说，则讲鲁班修城墙，喊醒了白玉石，白玉石化为羊群，被赶着走。走到西便门的时候，有人故意学鸡叫。听到鸡叫，羊又化为石，不动了。于是，北京西便门有了一景，叫"西便群羊"。

乙未贺岁

《古今图书集成》引《温州府旧志》，记有类似故事：古代有个仙人，要把石头驱赶到海边，念咒语："苍苍为牛，齿齿为羊，牛羊来斯，日骧而骧。"石块成群而奔，鞭子抽时还流血。出了山谷，见到一个老太婆，仙人挺得意地问老太婆："看到我的羊群了吗？"老太婆答："我只看到了奔走的石头，没看到羊。"又问："看到我的牛群了吗？"回答是见奔石而不见牛群。神人见自己的法术被看破，很难堪地溜掉了，将成群成片的石头留在那里。

羊与石之间，古人的想象力创造了一种互化关系，"白石道人"所言即此。这方面的传说故事，除了以上所列，五羊广州化石，循的也是这一思路。

甚至未日种羊的奇谈，隐隐约约之间，也有"白石道人"的影子。晋代《搜神记》载，河北有玉田县，相传那是杨伯雍种石得玉的地方。于是，未日种羊便有了三条或许相关的材料：

一、杨伯雍种石——此"杨"，说不定会带来彼"羊"。在神话传说的创作过程中，谐音是屡有建树的。因此，由"杨种石"到"种杨（羊）石"，两者间便不存在不可逾越的鸿沟；二、羊化石、石变羊——既然石可以种，谁能保证埋种在土里的石不是这类"羊"石；三、未日种羊——搬出未属羊，只因羊是未神，沾"未"而为神，未日下种，未日收获，借点"神仙气"以助求说而已。

广州黄大仙祠内供奉的黄大仙

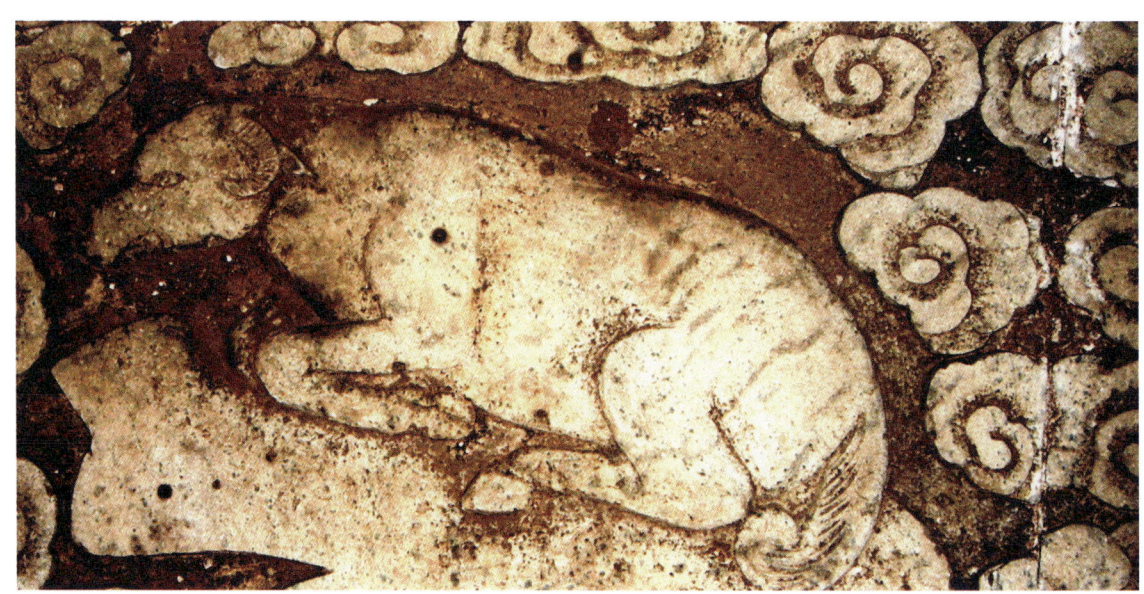

金华观祭坛上的石雕十二生肖羊　吴本华摄

浙江金华金华观三清堂塑像　吴本华摄

「白石道人」

獬豸神羊

吴裕成

们：神羊獬豸是什么？就是这样分也分不开地与司法话题联系在一起的神话动物。

据东汉《论衡·是应》，当时衙门里是画皋陶、鲑像的。皋陶为尧帝时的"大理"——掌管刑法的官员。鲑即獬豸，作解豸、獬廌。衙门中画皋陶、獬豸，表示明辨是非、执法公正，含有威慑邪恶的意思。

《论衡》记下有关传说：獬豸"一角之羊也，性知有罪。皋陶治狱，其罪疑者，令羊触之，有罪则触，无罪则不触。故皋陶敬羊，起坐事之"。皋陶决狱明白，执法公正。遇到曲直难断的情况，便放出独角神羊，獬豸顶触的，一准是有罪之人。

古人做獬豸的文章，紧扣着执法的主题。由此，干脆称其为任法兽，这见于《神异经》："獬豸忠直，见人斗，则触不直；闻人论，则咋不正。一名任法兽。"还发明了一种执法者

獬豸

獬豸：形似羊，青毛，四足，头上有独角。据说它善辨是非曲直，甚至会将不法有恶之徒抵死，令坏人不寒而栗。因而也被称为"直辨兽"、"触邪"。

神话创作的一种独角神羊，寄托着古人的社会理想，关于司法公正的理想。

这神羊，叫獬豸。明代谢肇淛《五杂俎》说，獬豸"一云即神羊"；但是，这位明代学者并不相信有獬豸，他提出问题的思路挺有趣：相传"皋陶治狱不能决者，使神羊触之，有罪即触，无罪即不触。则皋陶之为理，神羊之力也。后世如张释之、于定国，无羊佐之，民自不冤，岂不胜皋陶远甚哉？"皋陶是上古神话中的司法审判之神。倘若将皋陶的明察秋毫归功于獬豸，后来那些没有神羊相助、却能断案不留冤屈的官员，不是比皋陶的本领高强得多吗？谢肇淛的设问，可谓直奔主题。它告诉人

织锦獬豸补子

山西榆次县衙

的官帽，称为獬冠。《淮南子·主术训》："楚文王好服獬冠，楚国效之"。高桶状，取"铁柱卷"式造型，以表示"厉直不曲桡"。并记："或之獬豸冠。獬豸神羊，能别曲直，楚王尝获之，故以为冠。"獬豸帽在春秋时代已出现，秦代时执法近臣御史戴它，汉代因循下来。古时称御史冠为獬豸，进而以獬豸代指御史等执法官。

问案决狱的衙门里，墙上画着獬豸，长官戴着獬冠，——在古代的公堂上，异兽神羊真是出尽了风头。

苏轼的寓言故事集《艾子杂说》，讲到獬豸。齐宣王问艾子："古有獬豸，何物也？"艾子答："尧之时，有神兽曰獬豸，处廷中，辨群臣之邪僻者触而食之。"紧接着，补充说："假如如今有此神兽，它必定不会挨饿的！"这就将獬豸的辨是非引到了官场，以官员为审视的对象。抵而食之，"料不乞食矣"，讽刺奸臣之众。

獬豸传说，反映了古人对羊多侧面的认知。怕狼的羊，跪乳的羊，温顺的羊，古人并未忽略事情的另一面：羊有角，并非摆设，犄角聚着力，它能抵。于是，有了獬豸的传说。抵，且抵得是非分明。

羊有角，能抵，中华国货便有大名鼎鼎的抵羊牌。近代中国国势积弱，列强觊觎，军事侵略、文化侵略、经济侵略一并袭来，"抵羊牌"就是中国民族工商业者的愤怒呼号。"羊"与"洋"谐音，并且"羊毛出在羊身上"。"抵羊牌"巧用双关修辞，其妙天成。它的精髓则在一个"抵"字。

獬豸雕塑

北京故宫大殿脊兽

据《大清会典》记载，这些琉璃釉面小兽的排列顺序为：龙、凤、狮子、天马、海马、狻猊、押鱼、獬豸、斗牛、行什。

獬豸铜香薰　清代

獬豸石象牲　清西陵

末日种羊

吴裕成

"自言羊可种,不信茧成丝",《漠北怀古》诗句。羊可以像种庄稼那样播种且收获?元代《乐郊私语》一书的作者姚桐寿对此打了个问号。他去问诗作者楚石大师,得到的答复竟是肯定的。请看那回答是何等的奇妙:

大漠迤西俗能种羊。此屠羊,用其皮肉,惟留骨,以初冬未日,埋著地中,至春阳季月上未日,为吹笳咒语,有子羊从土中出。凡埋骨一具,可得子羊数只。

种羊,埋下的"种子"为羊骨。有播种还会有收获,但要特别注意时机的选择:未日。种羊在初冬,埋羊骨那天日支要在未;种下的羊,阳春三月可望收获——日期是三月里第一个地支为未的日子。在这一天,奏胡笳,念咒语,"子羊"就会从地里破土而出。

明代周婴《卮林》载,北齐高昂《征行诗》,有"陇种千口羊,泉边百壶酒"句,并录《西域种羊皮书褥歌》:"波斯国中神夜语,波斯牧羊俱杂房。当道剸刀羊可食,土城留种羊胫骨,四围筑垣闻杵声,羊子还从胫骨生。"周婴也言及《乐郊私语》,三弯两绕,不免得出羊可种而生的异闻,"盖实有是事"。

古人所记,尽管言之凿凿,如今大概再不会有人信以为真了。然而,这一奇谈对于生肖文化的利用,却是值得录此备忘的。一个令人顿生疑窦的传言,要借助未与羊的属配关系,增一点可信度。这目的,在当年似乎达到了。

种瓜得瓜,种豆得豆,种羊却不能得羊。违背这一常识的种羊之谈,说起来倒是有缘由的——那缘由,就是让孔圣人显示了一次博学的怪物:坟羊。

汉代《淮南子·氾论训》讲到三种精怪:"山出枭阳,水生罔象,井生坟羊,人怪之,闻见鲜而识物浅也。"并且,颇有点霸道地判定,若不识这三种怪物,便是少见多怪。这三种怪物,枭阳又作枭羊,人形而大,面黑色,身有毛,足反踵,见人而笑,为山精;罔象为龙类,状如三岁小儿,赤黑色,红色的眼睛,长臂大耳,为水精;至于坟羊,本在土层之中,被掘井的人挖出来——那羊,叫坟羊,为土精。

关于孔子识坟羊,且来看《史记·孔子世家》所记:

季桓子穿井得土缶,中若羊,问仲尼云"得狗"。仲尼曰:"以丘所闻,羊也。丘闻之,木石之怪夔、罔阆,水中之怪龙、罔象;土中之怪坟羊。"

坟羊的样子有些像狗。《国语·鲁语下》所录向孔子请教的话是："吾穿井而获狗,何也?"挖出似狗非狗的怪物,人们不知何物,去请教孔子。孔子说,以我所知,土中的精怪名叫坟羊。坟羊,《搜神记》记为贲羊,在《国语》中"贲"加"犭"旁,《说苑·辨物》则为"贲"加"羊"旁"总之这大约是一种看似如狗,且又近于羊的怪物。断定其为"羊",结论出自孔子之口。明代刻本《孔子圣迹图》,表现这一内容。相传,坟羊又有"硬而若石"的特点。这与石头化羊的传说,又形成贯通一气的联系——羊,因此得别名"白石道人"。

土中出"羊"的奇谈,因以孔夫子为主角,成为不被淡忘的话题。它被《汉书·五行志》引为附会的材料——鲁定公时,季桓子掘井得坟羊,"近羊祸也"。附会出两种说法,其一是"羊者,地上之物,幽于土中,象定公不用孔子而听季氏,暗昧不明之应";其二,"羊去野外而拘土缶者,象鲁君失其所而拘于季氏,季氏亦将拘于家臣"。坟羊如狗还是如羊?依此可见,在汉代人想象中,已经将坟羊说成羊了。

"井生坟羊",这种掘井得到的精怪,三国时代成书的《广雅·释天》,将它说成土神。

或许是受了坟羊之说的影响,稍作反向思维,便有了另一漫想——羊坠井而成鬼怪。宋代《夷坚志》录下此类漫想编织的故事:"宣和中,乡人董秀才在州学,因如厕,见白衣妇人徘徊于前,问其故,曰:'我菜圃中人也,良人已没,藐然无所归。'董留与语,且告以斋舍所在。至夜遂来并寝。未几得疾,同舍生或知之,以白教授。教授造其室,责之曰:'士人为异类所冯,何至此!'扣其所有,曰:'但尝遗一裈服。'取视之,秒而无缝;命投诸火,遣诸生踪迹焉。一老圃曰:'向者小儿牧羊,一牝羊坠西井中,不可取。今白衣而出,岂其鬼欤?'呼道士行法,咒黑豆于井,怪乃绝不至,然董亦死。"

井怪着白衣,是白羊溺井所变。其衣无缝,羊的毛皮自然是未经剪裁缝纫,浑然一体的。故事讲,秀才为井怪所魅,付出了生命的代价;道士行法术,"咒黑豆于井",井怪绝迹。其实,这坠井羊变怪,同挖井得坟羊一样,讲它来,来也子虚,驱它去,去也乌有。"子不语怪、力、乱、神",如此一位孔夫子还是讲了一番坟羊,若有其事似的。若说怪,事情有时就是这样的奇怪。

《孔子圣迹图》掘井得坟羊

中国古代艺术作品中的"羊"

林承琳

　　羊，作为较早被驯化饲养的六畜之一，在古时候无论是农耕文化地区还是草原文化地区，都与人们的生活息息相关。它既是很多部落崇拜的图腾，也是上古时期祭祀常用的牲畜。羊以草为食，可以供给人们皮毛以及奶和肉，羊肉味道鲜美，因此古人以"羊""大"为"美"，美的本意即"甘"。古时"羊"、"祥"二字通假，《说文解字》释："羊，祥也。"西汉大儒董仲舒云："羊，祥也，故吉礼用之。""善"字从羊从言，本义也是吉祥。羊性格温顺，有角但不任用；能从容赴死；一出生便知跪乳，被人们视为仁、义、孝、知礼。羊也有倔强的一面，《史记》中载"猛如虎，狠如羊，贪如狼"的语句即是形容羊的固执。在上古传说中，羊曾被皋陶氏用作判案的"法官"，羊角触及的嫌犯即被判为有罪的，因此也是公正的化身。与羊有关的字如祥、详、美、善、鲜、羲、佯、徉、翔、养、羡、羞、羔、羹、群、姜、洋、烊、庠、咩、羚、恙、羯、羝、羌等多含有"驯顺"的意思；与羊有关的成语有三羊开泰（三阳开泰）、羚羊挂角、亡羊补牢、以羊易牛、羊酒花红、羊车过市、羊羔美酒、羊裘垂钓、马愿如羊、爱礼存羊、素丝羔羊等等。可见，羊被赋予的美好含义太多太多。正因为此，古

群狼攻羊图　　新疆塔城地区托里县岩画

代的人们常以羊为题材，创作了大量优秀的绘画、雕塑、工艺美术及民间艺术经典之作。

一、远古岩画中的羊

我国的远古岩画主要分布在南北两个区域，以内蒙古、宁夏、甘肃、青海、新疆等地区为代表的北方游牧民族岩画和以江苏、广西、云南等地区为代表的南方农业文明岩画。在生产力十分不发达的远古时代，原始先民在山崖石壁上凿刻岩画，常以动物、植物、日月山川形象及狩猎、巫舞、战争等场面为主，内容基本忠实反映了当时的生产和生活状况。在新疆塔城地区托里县喀拉托别牧场内有一幅描绘群狼攻羊场面的岩刻，高2.1米，宽1.85米。画面呈斜三角形构图，三匹狼从三个角度围攻一只体格健壮的公羊：一匹大狼咬住了羊的喉咙，另一匹狼从它的身后扑来，还有一匹小狼在羊的脊背上扑咬，北山羊四腿跪地，已经精疲力竭、无力回天了，场面惊心动魄，如临其境。羊前面的狼弯腰弓背屈爪袭击羊的动态以及羊虽跪立但仍坚贞不屈的神态刻画得生动传神。岩画采取平面化的造型手法，形体简练概括，但线条的运用富于细节，例如公羊长长的、棱节分明的大角向后弯曲，狼的尾巴或弯曲或上翘各不相同，均显示出了各自的特征。

二、礼仪文化中的羊

如果说游牧民族眼中的羊成为猎物是它的宿命，那么在农耕礼仪文明下作为牺牲的羊就具有庄严的文化精神了。商周文化重礼，在一系列诸如宴乐、祭祀、征伐、丧葬等礼仪活动中，少不了马、牛、羊、猪、狗、鸡等"六牲"

四羊方尊　商代后期　中国国家博物馆藏

的献祭，青铜礼器也扮演着重要的角色，如功能和器型各异的鼎、簋、尊、盘、钟等等，其中较具有代表性的礼器之一是四羊方尊。尊为大中型盛酒器，该器体现了实用性、审美性、工艺性的完美结合。作为商朝晚期的青铜器，四羊方尊是中国现存商代青铜方尊中最大的一件。高58.3厘米，口宽52.4厘米，重34.5公斤，1938年出土于湖南宁乡县，现作为特级文物藏于中国国家博物馆。四羊方尊造型的独具匠心之处在于把四头羊的造型与尊的四条棱角巧妙结合。尊长颈，方口向外大大撇开，圈足很高，微向外撇，与形成尊口的线条形成流畅的流线形，又与尊中下部的四羊造型形成疏与密的对比。羊头与羊颈从器身中心略下的棱处探出器外，羊身与羊腿附着于尊腹部及圈足上。因此不论从哪个角度观看，羊都呈现出立体的效果。四羊向前卷曲的双角与尊口的直线

四羊图　南宋　陈居中作　故宫博物院藏

造成曲直对比。尊四面正中即两羊之间，均有一双角龙首探出器表，从方尊每边右肩蜿蜒于前居的中间。尊通体以细密云雷纹为地，颈部饰由夔龙纹组成的蕉叶纹与带状饕餮纹，肩上饰四条高浮雕式盘龙，羊前身饰长冠鸟纹，圈足饰夔龙纹。方尊的边角及各面中心线，均置耸起的扉棱，既用以掩盖合范痕迹，又可改善器物边角的单调，增强了造型气势，浑然一体。

三、宫廷及文人画中的羊

在中国古代宫廷画家及文人画家笔下的动物画中，马牛羊皆是常见的四蹄动物，不仅因为它们与人们的生活密切关联，更因为人们把诸如自强、勤恳、吉祥等美好的含义赋予了它们。其中画羊的名作有南宋陈居中的《四羊图》。

《四羊图》纵22.5厘米，横24厘米，绢本，淡设色，收藏于故宫博物院。作者陈居中是南宋画院画家，院体绘画向来以精细入微地观察表现客观对象、独特的立意为最高标准。此幅《四羊图》即生动传神地表现了四只山羊在野外嬉戏打斗观望的场面。在构图上，采取了与南宋山水画中"马一角，夏半边"类似的边角构图，可见这一构图形式在南宋院体画中的应用较广。低矮的山坡自画面左侧中上部一波三折地延伸到画面右侧下四分之一处，背景空无一物，既衬托出画面前景作为视觉中心的羊，又使原本不大的画面显得空间开阔，而且由于绢本身的黄色，恰到好处地体现出了一种类似清晨或黄昏的气氛。中景的山坡上一株老枯树与一株枝叶扶疏的小枝比邻而立，传递出秋的气息。一只老山羊独立坡头，低头向左观看在坡下嬉闹打斗的两只小羊，龇着牙面露愠色，老羊身上毛色洁白，首、蹄为黑色，显得炯炯有神。坡下两只白色的小羊为画面最精彩之处，一只小羊低头以犄角抵另一只小羊的后臀，被抵的小羊迅速立起前腿躲避，并回首看它，流露出既气恼又得意的神色。后面还有一毛色灰黄的老羊也在观看这一场面，但神情是宽容慈爱的。看情形，这四只羊应是一家四口。作者以生动传神的笔法，既描绘出了有动有静的嬉闹、观望的场面，又以人性化的手法刻画出了父严母慈、羊羔顽皮的性格特征，可谓形神兼备。羊身上或蓬松或稀疏、或柔软或坚硬的毛以及树木草叶的层次及质感描绘、晕染得细致生动，可见画家深厚的写生功夫和造型能力。画面的有趣之处还在于双数的使用，古人向来讲究好事成双，两只小羊、两只成年羊、两株树、甚至枯树上的两只鸟无不透露出这种成双的寓意。

四、民间艺术中的羊

如果说宫廷和文人画中羊的寓意表现得较为含蓄婉转，那么在民间艺术中，羊的吉祥含义就表现得极为直接明显了。在民间年画、剪纸、泥塑、染织刺绣纹样中，羔羊跪乳、三羊开泰等图案较为常见。"三羊开泰"是"三阳开泰"的谐音。在古时历法中，正月为泰卦，泰即安定，是吉卦。卦象为三阳爻在下，三阴爻在上，意指冬去春来，阴消阳长，好运即将来临。

在这张陕西剪纸中，即以阴文的形式表现了一个牧民放牧羊群的情景。手法简练，以三只羊指代羊群，达到以一当十的效果。羊的身躯肥壮，两角弯弯，四蹄以两对连起的三角形概括。后面的两只羊形体逐渐缩小，表现出近大远小的透视，三只羊间以两条富于变化的横线隔开。后面的羊的脸一部分被前面的羊角遮挡，既避免了形象的重复又使图与底的黑白和疏密关系得当，与最前面羊身上表现丰满皮毛的随意线条形成张弛有度的对比。牧羊人身披蓑衣，头戴草帽，手执羊鞭，神情愉快。整幅画面造型简练，层次分明，线条朴拙而富于变化，传达出了辛勤劳作、三阳开泰的吉祥含义。

中国古代绘画、雕塑、工艺美术及民间艺术中，还有大量以羊为主题的作品，值得我们去深入研究其形式美感及丰富的文化内涵。

羊　剪纸　陕西山西　段改芳作　程征藏

羊的食文化

何阿君

人类对羊的了解是从"食其肉，寝其皮"开始的。当先民把第一口羊肉送进口中，那肥美的味道深深吸引了他们时，当寒冷的季节来到，而一块羊皮为他们挡住刺骨的北风时，他们的心里充满了喜悦及对羊的感激。随着羊对人类衣食需要的满足，羊才开始了从人类的物质生活到人类的精神生活的渗透，羊被人们图腾化、神化，并被赋予许多具有人文色彩的意义。当我们谈论羊文化时，应该明白羊的物质功用对整个羊文化的产生、发展、流播所起的巨大作用。

羊肉及羊皮毛的作用是羊在物质生活方面对人类的最大贡献，既使是现在，羊肉及羊皮毛仍在为人们所用，并在人们的生活中占据着重要位置。除此之外，羊在古代还被用来驮物、拉车，有些地区、民族还以羊作孩子们的骑乘。

羊，馐也

动物一直是人们赖以生存的主要的食物。在对从北京人到旧石器时代晚期一些遗址的挖掘中，人们发现，这个时期的许多原始遗址上都有数以吨计的动物骨骼，种类有野马、羚羊、大角鹿等二十多种，以野马、羚羊为最多。食用方法有用火以前的茹毛饮血，也有用火后的燔食。

新石器时代，随着原始农业和畜牧业的出现，人们食用的动物集中在羊、猪、牛、马、狗等类上，食法有燔、烤、烧等。

夏商时代，羊更是成为人们主要的肉食类动物。甲骨卜辞中许多和"食"有关的字从"羊"，

庖厨宴饮图　徐州汉画像石艺术馆藏

如"善（膳）"、"羞（馐）"、"羡"等，而且这些字都是有褒义色彩。比如"羞"，本意为用手拿羊进献，《说文》："羞，进献也。从羊，羊所进也。"进献的东西当然是好的、味美可口的。后来"羞"引申为一切可口、精美的食物。《周礼·天官·膳夫》："膳夫掌王之食饮膳羞。"郑玄注曰："羞，有滋味者。""珍羞（馐）"后来成了所有珍贵而美味食物的代名词。从"羞"的本义我们可以知道那个时代人们对羊作为食物的喜爱，而"馐"的引申也正是人们这种认识的反映。再比如"羡"（羨）所从之"次"在甲骨文中是一个人流口水的样子；《说文》："次，慕欲口液也。从欠从水。"它是"垂涎"、"流涎"之"涎"字的原始象形字。所以有古人认为，"羡"的本义是垂涎

羊肉之意。正因为如此，才有许慎等人将"美"的本义解释为与食羊有关——羊大则味美。

夏商时代留给我们的关于食羊内容的遗存并不很多，但从这些古文字中我们却可以了解许多那个时代的饮食习俗，包括人们对羊作为食物的认识。

周八珍用羊

周时，我国的饮食文化进入了一个繁盛时期。人们越来越重视食物的精细加工，并注意各种食物的搭配、调味，创立了多种烹饪方法。而在周人的食物中，羊是重要的一种。

有八种珍贵的食品，名为"八珍"。《周礼·天官·膳夫》云："珍用八物。"郑玄注曰："谓淳熬，淳母，炮豚，炮牂，捣珍，渍，熬，肝膋也。"其中的"炮牂"就是烧烤母羊。《礼记·内则》记录了"炮牂"之法，其精与细，令人叹为观止。名为"炮牂"，实际也用到煎、炖、熬等多种方法。另外，"八珍"中之"捣珍"也须用羊肉。《礼记·内则》："捣珍，取牛羊麋鹿麇之肉必胁……"周八珍既是八种食品名，也是八种烹饪方法，除炮、捣外，渍、熬等法也可施之于羊。

那时人们已经懂得，食羊、牛、豕、犬等肉类时应与一定的植物、谷类搭配。《周礼·天官·食医》云："凡会膳食之宜，牛宜稌，羊宜黍，豕宜稷，犬宜粱，雁宜麦，鱼宜苽。"几种肉类各有所宜的植物，而食羊时应与黍类植物搭配为宜。不仅如此，《周礼·天官·庖人》还列出了春夏秋冬四个季节所宜的食物及应该用的配料，春天宜食羔羊乳猪，食时可配牛油，所谓"春行羔豚，膳膏香。"冬天食鲜鱼肥雁时，若用羊油调配，则其味更佳，所谓"冬行鲜羽膳膏羶。"《礼记·内则》总结出了如何辨别劣质羊肉的经验："羊泠毛而毳"，意思是毛稀而打结的羊，其肉有膻味。

牛、羊、豕等动物不仅是人们的肉食来源，而且是古代人们祭祀宗庙、供奉神灵的牺牲。周时祭祀有"太牢"、"少牢"、"三牲"、"五牲"之礼，祭祀完毕，根据有关史料，牺牲是可以供人食用的。《周礼·天官·宰夫》云："凡朝觐会同宾客，以牢礼之法掌其牢礼。"《周礼·地官·牛人》云："凡宾客之事，共其牢礼积膳之牛。"那么"牢礼"是什么呢？根据《周礼》之注与正义，所谓"牢礼"就是用牛羊豕三牲宴饮宾客之礼，因牛羊豕为牲牢，故名"牢礼"。《诗·小雅·楚茨》描写的就是祭祀及人们祭祀后共享牢礼的情景。祭祀前，人们容止有度，气氛敬肃，所谓"济济跄跄"是也，一些人在准备祭品："絜尔牛羊，以往烝尝。或剥或亨，或肆或将。"对于祭祀的牛羊，"神嗜饮食"，以至于"神具醉止"。祭祀完毕，乐器齐奏，人们安享祭后之肴："乐具入奏，以绥后禄。尔殽既将，莫怨具庆，既醉既饱……"

一杯羊羹亡国

羊羹大概是春秋战国时一道象征荣誉、地位的名贵之菜，历史上著名的"一杯羊羹亡国"的典故即出于此时。《战国策·中山策》载，中山国国君大宴宾客，司马

庖厨俑　汉代

羊的食文化

子期在座。席间中山君为宾客们分食羊羹,而"羊羹不遍",司马子期没有得到。一怒之下他跑到楚国,劝说楚王伐中山。中山君仓惶逃亡。路上有二人持剑提戈紧随其后,中山君回头询,二人答曰:昔日我们的父亲饥饿将死之时,您赠与其一盆饭救了他。父亲临去世前告诉我们,中山君您若有事,让我们必为您效死。现在您处于危难之中,我们特来效死。中山君听后喟然叹曰:吾以一杯羊羹亡国,以一壶飱得士二人。"

据《左传·宣公二年》记载,宋国与郑国作战,宋国主帅华元杀羊炖汤,慰劳将士,独独遗漏了他的战车司机羊斟。羊斟就怀恨在心,于是等到两军交锋之际,他就开着指挥车离开部队直接投奔郑军阵地,结果主帅华元被俘,宋军一败涂地。

无独有偶,春秋时宋国也发生了羊斟因没有得到羊肉而临阵倒戈、致使宋国大败的事。《左传·宣公二年》《史记·宋世家》等史书均有载:郑伐宋,宋华元、乐吕御之。羊斟为华元御。华元杀羊以飨士而不及斟。将战,斟曰:"畴昔之羊,子为政;今日之御,我为政。"驰入郑师,宋遂败。

从这两件事可以看出,羊肉在春秋时是比较名贵的菜肴,帝王举行的盛大国宴上有之,将军所排的庆功酒会上有之,而正因其名贵,参加宴会券亦非人人有份,所以才有司马子期、羊斟因没有分得羊羹、羊肉而投奔他国的事。这也可证明羊食品在当时的确是某种地位的象征。

羊虽名贵,但集市上也有卖。因为人人喜欢羊肉,故有些商贩就使用欺诈手段,以谋取高额利润。汉刘向《新序》中记载了春秋时鲁国某些商人的不法行为:"鲁有沈犹者,旦饮羊饱之,以欺市人。鲁氏有鬻牛马者,善豫贾同价……"意思是:鲁国有个叫沈犹的人,总是通过每天早上给羊喝很多很多水来增加羊的重量,欺骗市人;鲁氏买牛马的人,则联合其他牛马商贩共同抬高价格。然而,当"孔子将为司寇,沈犹氏不敢朝饮其羊,鲁氏之鬻牛马者不豫贾。"

从一些考古发现看,春秋时列国权贵们还使用脯腊藏法(将牛羊豕制成肉干)、井藏法、冰藏法保存食物。如河北易县燕下都的宫殿区内,两座房基中有三眼井,井中有牛、羊、鸡等食品。此外,楚都纪南城、韩都新郑、秦都雍城宫殿区也都发现有深井,并从井中出土了牛羊豕鸡等动物骨骼。

烹羊炰羔,斗酒自劳

秦汉时期人们的肉食以牛、羊、猪为主《史记·货殖列传》中说有一个卖"胃脯"的浊氏,因卖"胃脯"而家累千金,出入连骑,甚至富比王侯。而他所卖的"胃脯"就是用羊胃佐以五味调料后制成的酱肉。

汉时羊肉食法更加多样。湖南长沙马王堆汉墓出土的遗策中记有羊羹、羊逢羹等羹汤名,还有羊脍,即将羊肉细切成脍后生食。烤羊肉串汉时已有了,人们在羊肉上涂抹姜椒盐豉等调料后,串在钎子上进行烧烤,肉香诱人,别具滋味。《汉代画像全集》初集中有两幅画像石描摹了汉代人烤羊肉的情景,其中一幅出自朱鲔墓室。朱鲔是西汉末、东汉初人,从他墓中发现的烤羊肉串图像应当是汉代生活的真实反映。画面中一人头戴尖顶帽,蹲在火炉旁,

庖厨图　画像砖　汉代

一手拿着串着肉的钎子举在火上烧烤，另一只手拿一把长方形扇子在呼呼地扇火。另一幅画选自山东肥城孝堂山汉墓甬道石刻。画面中宾主二人席地坐在火炉两侧，其中一人两只手各拿两根羊肉串在烧烤。在一些摹写起居、宴饮的汉画像石上，也常可见到烤肉的场景，可见，烤羊肉串既是人们平时喜欢的食品，也是宴饮时必备的佳肴。

水煮羊肉及烧烤乳羊是汉时田家农夫年节时的食品。司马迁外孙杨恽在《报孙会宗书》中写道："田家作苦，岁时伏腊，烹羊炰羔，斗酒自劳。"所谓"烹"即用水煮，而"炰"即"炮"，煨烤、烧烤的意思。辛苦劳作了一年的人们，以羊庆贺新年，这个习俗周时已有。《诗·豳风·七月》云："九月肃霜，十月涤场，朋酒斯飨，曰杀羔羊……"不过周时"曰杀羔羊"之祭祀意味很浓，而汉时人们所重的

是以"烹羊炰羔"犒劳自己。

江东何以敌羊酪

魏晋南北朝是我国民族大融合的时期，此间，南北食俗之差异很是明显。《世说新语·言语》载："陆机诣王武子，武子前置数斛羊酪，指以示陆曰：'卿江东何以敌此？'陆云：'有千里莼羹，但未下盐豉耳。'"王武子问话时的语气充满了自豪，可见当时羊酪在北方地区是很有影响的食品。但对江东的陆机来说，羊酪的味道不过像"未下盐豉"的"莼羹"罢了。"莼"是南方的一种草，也叫蘘荷。后来陆游就此写诗云："南言莼菜似羊酪，北说羊酪如石榴。"可见南北口味之不同，也可见北人对羊酪的喜爱之情。

但是，食羊之俗也逐渐被不惯食羊肉的南方人接受。南朝宋刘义庆《世说新语》记载了一件有趣的食羊故事：荆州人罗友久闻白羊肉味美，但从未吃过。他听说有一个大官桓宣武每餐必有羊，就寻机拜访之。桓宣武留他吃饭，席上果有白羊肉。罗友狂吃一通后即告辞。桓宣武因而问道：君来会我，意何？罗友并不隐瞒：我为白羊肉而来，既已饱食，就不打扰了。洒脱不羁，真名士也，而食羊之俗开始渗入江南也可窥一斑。

当南方名士初试羊肉之味时，北方名士则以饮酒食羊为乐事。《晋书·王尼传》载，王尼被征为护军府军士，王澄、傅畅、刘舆、裴遐等名士想解除王尼军职，便牵羊携酒至护军府，与王尼炙羊饮酒，醉饱而去。王尼后来果然被护军免去军职。

北朝乐府民歌中有一些从侧面表现了当时养羊、食羊的情况。著名的《敕勒歌》中"天苍苍，野茫茫，风吹草低见牛羊"，给我们描绘了北方草原牛羊繁盛的景象。而《木兰辞》中，当木兰从军归来，其弟"磨刀霍霍向猪羊"

羊头饰　画像石　汉代

的情景则说明当时民间养羊、食羊之普遍。

拓跋人建立的北魏更有大啖羊肉之俗。北魏宗元晖业，"唯事饮啖，一日三羊"。甚至僧人也食羊。据《魏书》载，魏宗室元太兴得病，布施资财，称"散生斋"。斋后，众僧皆走，有一僧来求斋余食。元太兴戏之曰：斋食已尽，唯有酒肉。不料僧人说酒肉亦可。元太兴拿出酒一斗、羊脚一只，僧人食尽，犹言未饱。

战国时有因一杯羊羹而亡国的中山君，而魏时，却有以羊羹直步青云的毛修之。《南史·毛修之传》："修之尝为羊羹，荐魏尚书，尚书以为绝味，献之太武，大悦，以为大官令。"两种截然不同的结局，然而却是同样的缘由：绝美的羊羹。

过厅之羊，人自取之

隋唐五代由于经济繁荣，菜肴的发展也进入了一个重要的、崭新的阶段。烹饪方法明显增多，有烧、煮、炙、煎、腌、酱、醉、炸、炒、羹、脯、脍等，制法更精，品种风味多种多样。隋谢讽的《食经》、唐韦巨源的《烧尾宴食单》中记录了数十种名馔。

这一时期，羊、牛、猪、狗等仍是菜肴的主要原料，而食羊是当时最普遍的情况。因为唐人爱吃羊肉，故羊肉为肉食之首，人们用羊肉制作了不少名菜，其中最著名的莫过于"过厅羊"了。"过厅羊"是唐代西北地区举行盛大宴会时的一道佳肴，制法是将整只羊蒸熟后食之。但蒸羊前，人可以选择自己要吃的部位。宴会时，厅下现宰一只活羊，宾客选羊的部位并系彩锦作记号，整羊蒸熟后，客人们各自认取，蘸调味品下酒，故名"过厅羊"。《烧尾宴食单》上所记之"浑羊殁忽"反映了当时的炙烤技术。其法是：将鹅杀后掏空腹腔，用五味调和好的肉、糯米饭填装鹅腔。然后宰羊，去五脏，把鹅装入羊腹中，上火炙烧。熟后，鹅、羊皆味美诱人。据《杜阳杂编》载，同昌公主下嫁时皇帝所赐御馔"消灵炙"也用羊肉为原料，足见唐时羊肉在食品中的地位。

敦煌民间文学中也有一些反映了当时食羊肉之盛。如《伍子胥变文》中有："广杀牛羊，城南宴设，酒有千斛，肉乃万斤。""梁王闻吴军欲至，遂杀牛千头，烹羊万口。"

羊亦大快事

《宋会要辑稿》第七二册云："大中祥符三年（公元1010年）四月诏：牛羊司每年栈羊三万三千口，委监官拣少嫩者栈圈。"所谓"栈羊"就是经肥育后的羊。也就是说仅皇室贵族每年就要消费三万三千只肥羊，那么整个

石羊　汉代　徐州汉画像石艺术馆藏

羊的食文化

骑羊　汉画像石

帝国每年所需羊肉量可想而知。

宋室南渡后，虽然国力日衰，但食羊之风不减，而且开始在江南流行。陆游《老学庵笔记》卷八有一段话："建炎以来，尚苏氏（子由）文章，学者翕然从之，而蜀人尤盛。亦有语曰：苏文熟吃羊肉，苏文生吃菜羹。"意思是学苏轼文章，若融会贯通之，则如食羊肉般味美；若生搬硬套之，则食菜羹般无味。由此可见，在江南，羊肉已逐渐成为肉类的上品。而苏轼本人也是非常喜欢吃羊肉的。据《澄怀录》载，苏轼曾说过："烂蒸同州羊，灌以杏酪，食以比，不以筋，亦大快事。"

宋时有一种用肥羊肉酿成的酒，名为"羊羔酒"，亦称"羔儿酒"。《事物绀珠》云："羊羔酒出汾州，色白莹，饶风味。"《本草纲目》记载了宋宣化年间化成殿的羊羔酒方，乃用糯米肥羊肉等，与木香同酿，十日酿成，是一种口感极甘滑的酒。文人笔下常出现此酒，苏轼《二月三日点灯会客》诗："试开云梦羔儿酒，快泻钱塘药王船。"

一餐羊数斤者，常量也

元代的饮食习俗承袭了蒙古族作为游牧民族喜好肉食的传统，其中羊肉又是蒙古族最爱吃的肉食。《内蒙古纪要》云："羊肉，各地通用，为数极多。"元代忽思慧《饮膳正要》一书所载录的几百种宫廷御膳中，百分之七十以上是以羊肉或羊五脏作为主要原料。这是元宫廷饮食的一大特色，但也能使人想见民间的食羊风气。

蒙古人常把干肉或鲜肉同来煮食。手把肉是最普遍、也最可口的一道佳肴：把一只羊切成大块置于沸水中去煮，肉里微带血丝即捞出，不能煮得太老，吃时一般不加任何调料，人们一手抓肉，一手握刀，边割边吃。这正是《蒙旗概观》中所云"食肉在半熟略熟之际，即刀割而食。"关于蒙古族的这种传统食肉方法，明《夷俗记》也有载："其肉类皆半熟，以半熟者耐饥且养人也。"

蒙古人喜欢吃羊肉，饮马乳、羊酪，且量很大。《绥远通志稿·民族志·蒙族》云："蒙古人食兽肉，饮羊酪，其量之多实可骇。一餐羊数斤者，常量也，多者一昼夜食羊一头。又能绝食数日不见饥色。一旦就食，则一人兼数人之食。至其一人一日之食料，必羊腿一只是为常例。"《蒙旗概观》亦云："蒙古人之通常之食量颇巨，每日饮茶十数碗，餐肉十数斤，饥甚颇有食全羊之事。"

正因为羊肉是最被蒙古人喜欢的普通肉食，所以，元时"肥羊法酒"是大小宴饮必备之物。"肥羊法酒"即肥羊和合法酿制出售的酒，因为元代法律规定私酿白酒为非法，故以"法酒"相对于"私酒"而言。甚至可以说"肥羊法酒"或"羊羔美酒"成了宴饮、美食的代名词。关于这点，元代戏剧作品多有表现。无名氏《看钱奴》第一折《混江龙》："这等人动则是忘人恩，背人义，昧人心，管甚么败风俗杀风景伤风化，怎能勾长享着肥羊法酒，异锦的这轻纱。"无名氏《许范叔》第二折《菩萨梁州》："则我这……吃黄荠的肚肠……我吃不得这法酒肥羊。"元宫大用《范张鸡黍》第一折《六么序》中正末云："都是些装肥羊法酒人皮囤，一个个智无四两，肉重千斤。"从这些戏剧作品看肥羊法酒"也不是一般贫苦人即"吃黄荠"的人昕能享用的。

元代诗人许有壬曾作《秋羊》诗赞羊肉之美：

塞上寒风起，庖人急尚供。
戎盐春玉碎，肥羜压花重。
肉净燕支透，膏凝琥珀浓。
年年神御殿，颁馂每露浓。

蒙古族烤全羊

烤全羊是蒙古民族的餐中之尊，是宴席上的一道最讲究的传统名菜，其形、色、味俱佳，具有浓郁的民族风味。只有在隆重的宴会或祭祀时，才能品尝到烤全羊这道蒙古民族饮膳食俗的代表大菜。以烤全羊为主的全羊席，气氛非常隆重，宾主坐落有序，突出了蒙古民族饮膳食俗的礼仪和形式。第一道菜刚上席时，有身着民族服装的蒙族姑娘，手捧哈达，唱起祝酒歌，用银碗向尊贵的客人敬酒。歌声不停，敬酒不断，气氛热烈而隆重。

秋风乍起之时，正是羊最肥美的季节，其脂如玉般洁白，其肉如燕支（草名，可作染红颜料）般鲜艳、剔透，而其味则如琥珀般浓且香。集人间最美之物于羊一身，而当时人们对羊的喜爱也自在其中。

釜中羊胛熟，为客一先尝

明清两代，食羊之风也很盛。而元代的饮食习俗，更是对明朝以来的肉食风气产生影响。据《明会典》载，明朝宫廷宴会有羊肉饭，正旦节也做羊肉饭，而且比猪肉饭高出一等。对使臣、外宾也多用羊肉款待。礼部每年要向各省州府派拨大量牲畜，解送光禄寺，供皇宫朝廷食用，而绵羯羊每年就需10750只。每年还由上林苑的良牧署选送羊500只、羊羔2000只。

满族也是北方游牧民族，与蒙古族习俗相近。手扒羊肉为满族传统荤菜，满族入关建立大清国后，手扒羊肉被列入宫廷菜谱，帝后多喜食用。这道菜现在在北方地区仍为人们所喜爱。清末满族作家志锐曾有诗云："彼妹二八饰明珰，执爨司茶镇日忙，待得釜中羊胛熟，为客含笑一先尝。"描绘一幅清代世井风情图，从中略可窥得当时食羊之普遍。

羊，食之甚补人

羊肉味美，因而从古至今一直为人们所喜爱。人们在食羊的过程中总结出羊性热的特点，故阴阳五行中，羊属火，明代李时珍《本草纲目·兽一·羊》亦云："羊肉，气味苦、甘、大热，无毒。"而羊的这一特性对人身体很有好处，因此，除了食用外，羊肉还有其很高的食疗价值。中国传统医学很重视食物疗法，所谓"药补不如食补"，羊肉正是一种对人身体大有裨益的食品。关于羊的食疗作用，古籍中早有记载。唐孟诜《食疗本草》云："河西羊最佳，河东羊亦好，若驱至南方，则筋骨劳损，安能补益人。"宋代寇宗奭《本草衍义》也指出："殺羊出陕西、河东，尤狠健，毛最长而厚，入药最佳。"元太医、营养专家忽思慧写的《饮膳正要》一书，对中国传统的饮食疗法做了进一步总结和发展。书中介绍了94种膳食的性能、对人体的益处及烹调方法。其中以羊肉作原料的就有75种。如羊骨粥可治"虚劳腰膝无力"；羊肉羹具有"治肾虚毫衰弱腰脚无力"的作用；"八儿不汤"即羊肉汤更是营养价值颇高。蒙古著名医学家益西班觉所著的《甘露之泉》中也有饮食疗法专章，谈到羊肉、羊乳对人身体的补益作用。明李时珍《本草纲目》提到一种"乳羊"，说它"食仙茅极肥，无复血肉分，食之甚补人。"

羊毛、羊角、羊骨、羊内脏、羊乳、羊脂、羊齿、羊屎等也都具有很高的食疗及药用价值。如：羊肝具有明目的作用。唐甄权《药性论·兽禽虫鱼类·殺羊肝》："服之明目。"宋时陈师文等著《太平惠民和剂局方》中有"秘传羊肝丸"之药名，相传古时有叫崔承元的，其人为内障所苦，夜得所救死因神灵点化之秘方，内有鲜羊肝，依方服药数日眼复明，故称"秘传羊肝丸"。现亦称"黄连羊肝丸"、"羊肝丸"等。羊脂主治虚劳羸瘦、肌肤枯憔等症。唐孙思邈《千金方·食治·羊脂》："生脂：止下痢脱肛，去风毒，妇人产后腹中绞痛。"羊乳有治疗身体虚弱、润心肺、消渴、补气益神之用。《本草纲目·兽一·羊》："乳……补寒冷虚乏，润心肺治消渴，疗虚劳、益精气，补肺肾气，和小肠气。"羊不同部位之羊骨，功效有异。头骨治小儿惊痫；胫骨治牙齿疏活、疼痛；脊骨补肾虚；尾骨明目。羊血具有解毒作用。唐刘恂《岭表录异》云："野葛毒草也，俗呼胡曼草，误食之，则用羊血浆解之。"甚至羊胃中之草结——羊胲子也有主治翻胃、噎膈的作用。

羊的世界

羊又称为绵羊或白羊，哺乳纲、偶蹄目、牛科、羊亚科，是人类的家畜之一。有毛的四腿反刍动物，是羊毛的主要来源。原为北半球山地的产物，与山羊有亲缘关系；不同之处在于体形较胖，身体丰满，体毛绵密。头短。雄兽有螺旋状的大角，雌兽没有角或仅有细小的角。毛色为白色。我国主要饲养山羊和绵羊。

羚羊，是有区别于牛、羊一类的反刍动物。也属于偶蹄目牛科动物，广义上包括了羚羊和小羚羊一类的动物（英文中称为"antelope"和"gazelle"）。许多被称为羚羊的动物与人们印象中的相去甚远，有专家指出，羚羊类的动物总共有86种。虽然人们把羚羊作为一个类群已达到共识，但在一般人心目中，羚羊还是被归在羊之列的。

欧洲盘羊 mouflon

又叫摩弗伦羊，是唯一生活在欧洲的绵羊类，也是欧洲绵羊的野生祖先，原产在地中海的撒丁岛和科西嘉岛，后已被广泛引到欧洲大陆。不过在欧洲各地均发现过它的化石，证明它过去也曾在欧洲广泛分布。原产于科西嘉、萨丁尼亚和塞浦路斯的偶蹄目牛科动物。

形小，似绵羊，野生。肩高约70厘米。浅红褐色，腹部白色。雄体背部有浅色马鞍形斑块，有尖端向外转的大而弯曲的角。雌体无角。现已引进到欧洲的部分地区，但在原分布区却已成濒危种。

白大角羊 Thinhorn sheep

食草动物，是北美洲西北部特有的一种羊，颜色由白色至浅褐色，有弯曲褐色的角。白大角羊栖息在相对较干旱的山地，特别喜欢留在辽阔的山脊、草坪及陡坡，因为可以躲避掠食者。雄羊联群生活，很少会与雌羊群有关联，只会在每年11月下旬至12月初时的交配季节才会走在一起。在食物丰富的夏天，白大角羊会吃多种的植物。到了冬天，他们会吃地衣及苔藓。白大角羊的主要掠食者有狼和熊等，金雕会掠食幼羊。

北山羊 Capra ibex

北山羊是典型的野生山羊，雄兽的颔下长有长须，长度大约为15厘米，雌兽的须较短。四肢稍短，显得比较粗壮，蹄子狭窄。尾巴较长。北山羊形似家山羊而体形较大，体长115—170厘米，肩高约100厘米，体重50

千克左右。尾长 10—20 厘米，尾尖棕黑色。北山羊是羊中的登高健将，它们的蹄缘像海绵富有弹性，对山石有抓附力，非常善于攀登和跳跃，能够自如地在险峻的乱石之间纵情奔驰。以各种杂草类为食。

北山羊的敌害主要是一些凶猛的食肉动物，如猞猁、狼、豺和雪豹。为了躲避敌害，北山羊通常在地势险要的地方觅食，背靠积雪的山巅或冰川，两旁是深不见底的深渊，这种能力，即使是有"爬山能手"之称的雪豹，也望尘莫及。

云山羊 Capra aegagrus

云山羊即努比亚北山羊，又称努比亚羱羊（Nubian ibex），是北山羊的一个亚种。云山羊分布于约旦、阿曼、也门、以色列、埃及、苏丹、沙特阿拉伯、埃塞俄比亚的少数地区。雌雄均有缺刻明显的弯角，但雄山羊的角大得多，长可达 150 厘米。努比亚山羊年产 1 或 2 仔，目前已沦为稀有物种。

云山羊生活在海拔 500—6000 米的山上。夏天，云山羊待在山的高处，以青草和青苔为食；冬天，他们会移向低处，避开厚厚的积雪。步履稳健，有极好的平衡能力，能够迅速、稳健地从一块岩石跳到另一块岩石。为了逃避敌害，它们总是选择敌人难追的地方跑。如果走投无路，云山羊就会转身用它们的双角同敌人进行战斗。

云山羊漂亮的双角不断为它们招来杀身之祸，以致现存数量日趋稀少，沙特阿拉伯于 1979 年发布全国禁猎令，但偏远地区和其他国家的偷猎活动依然难以遏制，而且逃过屠刀的幸运儿还得和骆驼、野驴以及其他食草动物争夺有限的食物和饮水资源。

蛮羊 Ammotragus lervia

蛮羊，非洲仅有的一种野羊。分布在北非摩洛哥至埃及、大西洋海岸到红海一带。蛮羊栖息在荒凉的岩石和沙土地带。它们一般结成家族生活在一起，其中一雄羊统领整个家族，其它成员为雌性和未成年幼仔。由于生存环境干旱，因此蛮羊非常耐渴，可以长时间不饮水，身体所需水分多来自吃的各种植物。因生活区域内少有高大植物可以藏身，它们养成了一种非常特殊的习性，就是在有敌害发现它们时，它们会一动不动呆若木鸡，借此来骗对方以为是其它物体。蛮羊体长 130—165 厘米；肩高 80—100 厘米，雄性较大。蛮羊毛色为沙黄色，体型敦实，雄性与雌性都长有角，长约 50 厘米，雄性自喉咙至胸部长有稀疏的鬃毛。

蛮羊，原产于非洲北部的阿尔及利亚、突尼斯、埃及、利比亚、马里，后被引入西班牙、美国、墨西哥和部分非洲国家，如毛里塔尼亚、摩洛哥、尼日尔和苏丹。

岩羊 Pseudois nayaur

体型中等，形态介于野山羊与野绵羊之间。两性均有角，雄羊角粗大似牛角，但仅微向下后上方弯曲。以青草和各种灌丛枝叶

为食。冬季啃食枯草。他们还常到固定的地点饮水，但到寒冷季节也可舐食冰雪。无固定兽径和栖息场所。它们在悬崖峭壁只要有一脚之棱，便能攀登上去。一跳可达 2 至 3 米，从高处跃下能以 10 多米高处跃下。冬季发情交配，次年 6、7 月产仔，每年通常只产 1 仔。主要天敌是雪豹、豺、狼，以及秃鹫和金雕等大型猛禽。岩羊栖息在海拔 2100—6300 米之间的高山裸岩地带，不同地区栖息的高度有所变化，但不见于森林及灌木丛中，有较强的耐寒性。主要分布于中国青藏高原、四川西部、云南北部、内蒙古西部、甘肃、宁夏北部、新疆南部、陕西等地，属国家二级重点保护野生动物。

倭岩羊 Pseudois schaeferi

倭岩羊在世界上更是稀有少见，是世界羊家族中最晚被命名的一种羊，也是世界最濒危动物之一。为中国的特有动物，分布于四川和西藏之间的金沙江两岸，体长 100—110 厘米，尾长 16—18 厘米，体重 35—45 千克。雄兽角粗大，自头顶略向两侧伸出，角尖向后微向上。两角内侧各具一明显的纵棱，在基段较直，近角尖微向外侧扭转。雌兽角短小较直，纵棱几乎不向外侧扭转。角从基部至尖端向外扭转约 180°。体毛较短，冬季为银灰色，夏季呈褐灰色，腹部及四肢内侧为白色。雄兽从口鼻部到额部具暗褐色纵纹。

波尔山羊 Boer Goat

波尔山羊是一个优秀的肉用山羊品种。该品种原产于南非，作为种用，已被非洲许多国家以及新西兰、澳大利亚、德国、美国、加拿

大等国引进。是世界上公认的肉用山羊品种，有"肉羊之父"美称。自 1995 年中国首批从南非引进波尔山羊以来，通过纯繁扩群逐步向全国各地扩展，显示出很好的肉用特征、广泛的适应性、较高的经济价值和显著的杂交优势。波尔山羊原产于南非，短毛，头部一般为红（褐）色并有广流星（白色条带），身体为白色，一般有圆角、耳大下垂。波尔山羊体躯结构良好，四肢短而结实，背宽而平直，肌肉丰满，整个体躯圆厚而紧凑。波尔山羊繁殖性能优良，一年二胎或二年三胎，每胎平均 2—3 只左右。使用寿命长，生育年限为 10 年。波尔山羊屠宰率在 52% 以上，肉厚而不肥，肉质细，肌肉内脂肪少，色泽纯正，多汁鲜嫩。板皮质地致密、坚牢，可与牛皮相媲美。

小尾寒羊 Small-tailed Han sheep

小尾寒羊，在中国是肉裘兼用型绵羊品种，具有成长发育快、早熟、繁殖力强、性能遗传稳定、适应性强的特点，被国家定为名畜良种，有中国"国宝"、世界"超级羊"及"高腿羊"之称。并被列入了《国家畜禽遗传资源保护目录》。

小尾寒羊虽是蒙古羊系，但由于千百年来在鲁西南地区已养成"舍饲圈养"的习惯，因此，小尾寒羊在全国各地都能饲养。小尾寒羊遗传性能稳定，高产后代能够很好地继承亲本的生产潜力，品种特征保持明显，尤其是小尾寒羊

的多羔、多产特性能够稳定遗传。此外，小尾寒羊的裘皮质量好，制革价值高，加工熟制后，板质薄，重量轻，质地坚韧，毛色洁白如玉，光泽柔和，花弯扭结紧密，花案清晰美观。其制裘价值堪与中国著名的滩羊二毛皮相媲美。

新疆细毛羊
Breeding stock;Xinjiang fine-wool sheep

全称新疆毛肉兼用细毛羊，简称新疆细毛羊。原产于新疆伊犁地区巩乃斯种羊场，是中国于1954年育成的第一个毛肉兼用细毛羊品种，用高加索细毛羊公羊与哈萨克母羊、泊列考斯公羊与蒙古羊母羊进行复杂杂交培育而成。该品种适于干燥寒冷高原地区饲养，具有采食性好，生活力强，耐粗饲料等特点。新疆细毛羊的毛，其细度、强度、伸长度、弯曲度、羊毛密度、油汗和色泽等方面，都达到了很高的标准。其肉细嫩味美，很受各族人民喜欢。来到伊犁的人们在品尝细毛羊的羊肉后，都会赞不绝口地说："伊犁的羊吃的是中草药，喝的是矿泉水"。

斑羚 Naemorhedus goral

体型大小如山羊，但无胡须。体长110—130厘米，肩高70厘米左右，体重40—50千克。眼睛大，向左右突出，没有眶下腺，耳朵较长。雌雄均具黑色短直的角，较短小，长15至20厘米，最长的记录为23.2厘米。角的基部靠得很近，相距仅有1—2厘米，自额骨长出后向后上方倾斜，角尖向后下方略微弯曲。角尖尖锐、光滑，其余部分具有十多个横棱，数目与年龄相关，横棱之间有浅而细的纵沟，但不割裂横棱。雌兽的角稍细。头部较狭而短，面部较宽，吻鼻部裸露区域较大，向后延伸到鼻孔以后。没有鬣毛，但从头部沿脊背有一条黑褐色背纹，喉部有白色或黄色的浅喉斑。四肢短而匀称，蹄狭窄而强健，有蹄腺。毛色随地区而有差异，一般为灰棕褐色，背部有褐色背纹，喉部有一块白斑。体毛厚密、松软且蓬松，通常呈灰褐色，但针毛的毛尖为黑褐色，远观时似有若隐若现的麻点，所以也有"麻羊"之称。主要分布于中国东北、华北、西北、华南及西南诸省区。

美利奴羊 Merino Sheeps

广袤的澳大利亚大地气候宜人，水草丰茂，适于养殖绵羊。1798年，澳大利亚人从西班牙引进美利奴良种绵羊。据说美利奴羊在2000年前还是野羊，中世纪逐渐在西班牙成为家畜，并被当作奖品或礼物馈赠。经过几代人的艰苦奋斗和锲而不舍的努力，美利奴羊在澳大利亚不断繁育、改良、发展，养羊业成为澳大利亚的一大支柱产业。2013年，全澳7万个美利奴羊养殖场中有1.6亿头羊，其中80%是纯种美利奴羊，占世界美利奴羊总数的70%，其余的也带有美利奴血统。一头成年的美利奴羊体重在60—140千克左右，羊毛纤细柔软，粗约20微米，毛长10厘米左右，是上乘的毛纺原料。每头羊一次可产毛10—20千克。澳大利亚的美利奴羊毛产量占世界羊毛总产量的32%。澳毛可满足全世界对羊毛需求的

45%。所以，人们又称澳大利亚是一个"羊毛王国"。

夏洛莱羊 Charolais

产于法国中部的夏洛莱地区，是以英国莱斯特羊、南丘羊为父本与夏洛莱地区的细毛羊杂交育成的，具有早熟、耐粗饲，采食能力强，肥育性能好等特点。夏洛莱被毛同质，白色。公、母羊均无角，整个头部往往无毛，脸部皮肤呈粉红色或灰色，有的带有黑色斑点，两耳灵活会动，性情活泼。额宽、眼眶距离大，耳大、颈短粗、肩宽平、胸宽而深，肋部拱圆，背部肌肉发达，体躯呈圆桶状，后躯宽大。两后肢距离大，肌肉发达，呈"U"字形，四肢较短，四肢下部为深浅不同的棕褐色。是世界最优秀的肉用绵羊品种之一。

喜马拉雅塔尔羊 Hemitragus jemlahicus

喜马拉雅塔尔羊，别名长毛羊、塔尔羊，主要分布于中国的喜马拉雅山。以草本植物为主食。其体型健壮，皮毛粗厚光滑，行动有力，善于攀爬，常结群活动。中国于1974年发现喜马拉雅塔尔羊。已被列为国家一级保护动物。主要栖息于海拔3000—4000米的喜马拉雅山有树木的山坡上，常活动于崎岖的裸岩山地及林缘，适应严寒多雨的气候。白天找有遮蔽的地方休息，晚上在高山灌丛带或多岩石地区隐蔽。是所有中国土生的羊中发现最晚，亦是最为少见的一种。仅见于西藏樟木、吉隆和聂拉木的波曲河谷等地。肉的膻味较大，经济价值不大，所以偷猎现象要少于其它的羊类。但由于活动范围小，数量少，估计仅有500只，属于濒危物种。

阿拉伯塔尔羊 Hemitragus ja

阿拉伯塔尔羊是塔尔羊属中体型最小的一种，皮毛比较短，容易断裂，呈灰褐色。目前数量稀少，已是濒危动物。这种野生山羊的近亲仅生活在阿曼北部和阿联酋。该物种目前面临的最大威胁来自栖息地的流失和破坏，由于牲畜间的竞争以及违法捕猎，使阿拉伯塔尔羊的数量急剧减少，环保者认为这将造成近亲繁殖，并引发对疾病的易感性以及生育力下降。对阿拉伯塔尔羊圈养的成功率很低。2009年，阿联酋建立了第一个山地保护区。阿曼建立的自然保护区拥有最大族群的阿拉伯塔尔羊。

杜泊绵羊 Dorper sheep

原产地在南非，由角陶赛特羊和波斯黑头羊杂交育成，最初在南非较干旱的地区进行繁殖和饲养，因其适应性强、早期生长发育快、胴体质量好而闻名。杜泊羊体躯呈独特的筒形，无角，头上有短、暗、黑或白色的毛，体躯有短而稀的浅色毛（主要在前半部），腹

部有明显的干死毛。虽然体型中等，但体躯丰满，体重较大。成年公羊和母羊的体重分别在120千克和85千克左右。且肉中脂肪分布均匀，为高品质胴体。杜泊绵羊主要用于羊肉生产。

麻羊 Ma Goat

麻羊产于中国四川省成都平原及其附近丘陵地区，是南方亚热带湿润山地陵丘补饲山羊，属于肉乳兼用型。成都麻羊具有生长发育快、早熟、繁殖力高、适应性强、耐湿热、耐粗放饲养、遗传性能稳定等特性，以肉质细嫩、味道鲜美、无膻味及板皮面积大为显著特点。

麻羊中，公、母羊大多数有角，少数无角，公羊角粗大，向后方弯曲并略向两侧扭转，母羊角较短小，多呈镰刀状。公羊及大多数母羊下颌有髯，部分羊颈下有肉垂。公羊前躯发达，体形呈长方型，体态雄壮；母羊后躯深广，背腰平直，尻部略斜。四肢粗壮，蹄黑色、坚实。乳房呈球形，体型较清秀，略呈楔型。成都麻羊全身毛被呈棕黄色，色泽光亮，为短毛型。单根纤维颜色可分成三段，毛尖为黑色，中段为棕黄色，下段为黑灰色，各段毛色所占比例和颜色深浅在个体之间和体躯不同部位略有差异。整个毛被有棕黄而带黑麻的感觉，故称麻羊。

多浪羊 Duolang sheep

多浪羊是中国新疆的一个优良肉脂兼用型绵羊品种，因其中心产区在麦盖提县，故又称麦盖提羊。多浪羊体大、产肉多、肉质鲜嫩，被毛含绒毛多，毛质较好。繁殖率高，具有早

熟性，是组织羔羊肉生产的理想品种。

多浪羊是当地维吾尔族人民经过长期的辛勤劳动而育成的。他们在当地的土种羊品种选育的基础上，从塔什库尔干引入了体大、产肉较多的粗毛羊，以及其它地区引入的毛色较为一致、绒毛多的半粗毛羊，进行有限的杂交改良，经过长期的选育而育成。其体质结实、结构匀称、体大躯长而深，肋骨拱圆，胸深而宽，前后躯较丰满，肌肉发育良好，头中等大小，鼻梁隆起，耳特别长而宽。公羊绝大多数无角，母羊一般无角。

鄂尔多斯细毛羊 Clydesdale

在中国内蒙古鄂尔多斯市东南部毛乌素沙漠腹地及其周边地区培育而成的毛肉兼用细毛羊品种。从20世纪80年代开始引进澳美细毛羊进行导血，同时产地牧民常年坚持改良，使之成为目前中国存栏种群数量最多、生产性能优越的细毛羊品种。

鄂尔多斯细毛羊体质结实，结构匀称，颈肩结合良好，胸深而宽，背腰平直，体躯呈长方形，四肢坚实，体格中等。公羊颈部有1—2个完整或不完整的横皱褶，母羊颈部有纵皱或宽松的皮肤。全身被毛呈白色，无色斑图案。被毛闭合性良好，密度大，有明显的正常弯曲，体侧没有浮现毛，股部没有粗毛，无干死毛，额部毛至两眼连线。羊毛综合品质优良。

羊景名胜

白羊峪

位于河北迁安市大崔庄镇，又称白羊关。始建于北齐，明代包砖大修。融江南秀色、北国风光为一体。白羊关被誉为"天下第二关"。

白羊关以雄闻名，另有冷口以险称世，并称"雄关险口"。白羊峪关口有白羊河自北向南流过，原有关门横跨在白羊河上，两端与长城相连，称为白羊水关、羊谷关。万里长城有各式各样的关隘，但水关不多，存世的水关更少。白羊水关是白羊河的发源地，水关上下500多米的河道甘泉遍布，是名副其实的水关。白羊水关为双道水城式，至今东岸的临水敌楼楼基尚存。

羊头山名胜

羊头山位于山西高平市神农镇境内，海拔1300米，是始祖炎帝神农氏栽种五谷开创中国农耕文明的发源地。这里风景秀丽，景色怡人。羊头山北魏石窟是国家级重点文物保护单位。据发掘出的墓志铭考证，神农镇在大唐天祐七年（公元910）就有"泽州高平县神农乡"的称谓。原址为北魏孝文帝太和年间（477—499）所建定国寺，隋末寺废，唐武则天重建改名为清化寺，现已不存。石刻造像及石塔为羊头山历史遗物中的精华，有较大窟龛22个，小型佛龛80多个，千佛碑1通，石塔4座，皆魏至唐物。

此外，在羊头山一带，华夏第一大帝炎帝神农氏活动的遗址遗迹随处可见，如羊头山上的神农城，庄里村炎帝陵，故关村炎帝行宫，中庙村炎帝中庙。这些规模宏伟的古文化建筑群，绘制出一幅始祖"播谷粒民""尝草疗疾"创中国农耕文化之源、开中华医学文明先河的历史画卷，使我们这些炎帝后裔倍加追思，虔诚敬仰。神农城、定国寺、白清泉、神农井、神农泉、五谷畦、北魏石窟群、千年古碑以及行宫、陵、庙、祠等这些独特的资源优势，独有的文化名胜，自然天成地造就着这片热土，人杰地灵，生气昂然。可以说，羊头山作为中华文明发源地之一，是中国农耕文明和医药文明之"源"，是华夏民族和全球华人的"根"。

青羊宫

青羊宫古名青羊肆。坐落在四川成都西郊百花潭北岸。相传李老君骑青牛过函谷关，为关令尹喜著《道德经》，嘱"子行道千日后，于成都青羊肆寻吾。"后人据此建观，供奉老子。唐时，封老子为"太上玄元皇帝"，改观为宫。盛于唐、宋。南宋陆游曾有诗云："青羊宫中竹暗天，白马庙畔柏如山。"明末毁于兵火。今存殿宇建于清代，占地面积约12万平方米，有八卦亭、无极、灵祖、三清、斗姆（玉皇阁）、混元诸殿及降生台、说法台、紫荆台等。主体建筑八卦亭。圆形亭身由八根镂有龙纹图案的石柱支撑，亭基四方形。象征古代天圆地方之说。亭顶覆黄琉璃瓦，重檐翘角攒尖顶，极秀雅别致。三清殿面阔、进深各五间，内塑玉清、上清、太清贴金泥身坐像，左右各六尊金仙。殿中一对"青羊"，长90厘米，高60厘米，实为黄铜铸。一只单角：羊胡、鼠耳、牛鼻、虎爪、兔背、龙角、蛇尾、马嘴、猴颈、鸡眼、狗腹、猪臀。底座刻"京师市上得铜羊，移往成都古道场，出关尹喜似相识，寻到华阳乐未央。"款"信阳子题"，为清雍正元年川籍大学士张鹏翮捐赠，传为南宋权臣贾似道家熏衣炉。另一只双角，道光九年铸，"神情欲语，似讲五千之文"。民亦视之为神。宫内尚存木刻《道藏辑要》版片及传为唐代著名画家吴道子绘石刻吕祖像，皆为珍贵的道教文物。

香港黄大仙祠

香港黄大仙祠位于九龙半岛的东北面，是香港香火最旺的地方，创立于1921年，经过数十年的悉心经营，现已成为一座宏伟的道教寺庙。

黄大仙，本名为黄初平，东晋人，著名道教神仙，公元328年出生在浙江省金华县，是当地的一名牧羊小孩。15岁时得神仙指点得道而隐居金华县兰溪赤松山。18岁开始修道，得道后易名赤初平，号赤松子，故号称"赤松仙子"。民间流传其法力高强，能够点石成羊。他羽化登天之后，常常以"药方"度人成仙，因此得到人们的信仰和崇祀。

1915年，道士梁仁庵等人从广东西樵山普庆祖坛奉接赤松仙子宝像来港。最初，他在湾仔开坛阐教，奉拜赤松仙子。1921年，他经人指点，选择了九龙狮山下竹园村的龙翔道建祠，园名"啬色"，坛号"普宜"。

初期的黄大仙祠，只为道侣私人修道场所，及至1956年，祠门正式开放给公众人士入内参拜，自此，信众渐多，香火日渐鼎盛。经过数十年的悉心经营，现在的黄大仙庙金璧辉煌，建筑雄伟，成为港九著名庙宇之一。

羚羊峡

又名肇庆峡，与三榕峡、大鼎峡并称西江三峡。西江发源于云南乌蒙山区，至羚羊峡，夹江高耸群山，江面突窄，水急涛巨，险峻雄奇。峡长13里。据说广州五羊，本是六只，因仙人鞭羊过此峡东下广州时，见此地江山秀美，乃留其一，故名。其它古迹及传说亦很多。屈大均诗曰："咽喉最苦羚羊小，水花匹飞如白鸟。洪涛鼓舞不因风，一出峡门成浩淼。"峡南有两山，各似虎状，乃"出山虎"及"入山虎"。又有山巅望夫归石，极是著名。民间传说包公离任端州，至羚羊峡时风浪大作,心知有异,查询左右,方知书童收下士绅一端砚,包公遂掷砚于江中,风平浪静。峡南老坑,是最早开采端砚砚石之地。

白羊寨

圣帝行宫之碑

位于湖北兴山县城西北23千米处,是明末清初农民起义军首领李来亨坚持抗清斗争的重要遗址。现存有行宫、营地、炮台、练兵场、七步半哨卡和粮仓等遗迹,还有南明永历九年(1655年)的"圣帝行宫之碑"。据载,明崇祯十三年(1640年)张献忠和罗汝才合兵于此。清顺治八年(1651年)李来亨据守此寨。联合"夔东十三家"农民军,屡败清军,坚持斗争达13年之久。康熙三年(1664年)被清军围困,弹尽粮绝,李来亨举火焚寨,壮烈牺牲。2013年经国务院批准列为全国重点文物保护单位。

羊　湖

即羊卓雍措,简称羊湖,藏语意为"天鹅之湖",是西藏三大圣湖之一,也是喜玛拉雅山北麓最大的内陆湖。位于雅鲁藏布江南岸、山南浪卡子县境内。湖面海拔4441米,东西长130千米,南北宽70公里,湖岸线总长250千米,总面积638平方千米。羊湖湖水碧波如镜,湖滨水草丰美,是一个丰饶的高原牧场,当地藏族人民用民歌赞美羊卓雍错:"天上的仙境,人间的羊卓。天上的繁星,湖畔的牛羊。"

羊卓雍错中有大小岛屿21个,岛上生活着各种候鸟,使这里成为西藏最大的水鸟栖息地和野生禽类的乐园。鹅、鹭鸶、沙鸥等应有尽有。那成千上万只白色水鸟在湖面飞翔的画面,十分奇异壮观。

金华黄大仙祖宫

黄大仙祖宫坐落在双龙国家风景区内居鹿田湖畔、披皇岭仙境,占地7.9公顷,宫殿建筑群占地1.8公顷,海拔562.8米,进深716米,七进阶祖庭由19处宫楼、阁、台组成。据清康熙《金华府志》记载:从五代钱武肃王建造赤松庙开始,民间在金华山建庙筑观祀奉黄大仙蔚然威风。至宋代,皇浩屡封,香火愈发旺盛,绵延至今。

黄大仙名初平,东晋咸和三年(公元328年)出生于金华兰溪。他自幼良勤放羊。15岁时被仙师引入金华山石洞(据传为朝真洞、仙瀑洞)修炼,黄大仙的仙师有二,即服水玉,教神农的西汉雨师赤松子和卖药海上与秦始皇侃长生不老之说的安期生。黄大仙在金华山石洞内累功四十年,修得叱石成羊法术。后又与兄修炼至500岁,得日中无影之功登真。后遂行天下,匡世济民,成为民众喜爱的除妖祛邪、惩恶扬善的英雄。

黄大仙在东南亚一带华人中有着极大的影响,有侨仙之美誉。1996年9月,来自世界各地的华人在这里隆重举行祖宫开光大典。

江门叱石风景区

叱石风景区位于广东江门市蓬江区杜阮镇的羊石坑，圭峰山的北背面，是圭峰绿护屏向东北延伸的一条支脉。离新会市区14千米，距江门市区9千米。这里山势雄伟，万松劲秀，奇石嶙峋，幽谷清泉，清如白练。早上云雾缭绕，景致变化无穷。晨登山顶观日出，远眺银湖，旭日东升，霞光波影，蔚为壮观。傍晚，可欣赏江门万家灯火，竞艳争辉。晴天，山下村庄星罗棋布，风景秀丽，令人心旷神怡。庙宇亭台依山而建，绿树成阴，流水瀑布，一派绿水青山、生机勃勃的景象。风景区既有古刹之雄伟，又有园林之风光。游人到此一睹"叱石成羊"、"天然石室"、"一洗红尘"、"大雄宝殿"、"赤松黄大仙祠"、"太子亭"、"黄公辅祠"、"三元宫宝殿"等胜景，听闻谷里泉琴之声、禅院钟声、小鸟啼鸣、松涛阵阵，"叱石松涛"为岭南百景之一。

传说明朝亡后，遗臣大司马黄公辅拥着太子南奔到此，见到此地乱石无数，状如山羊，赞叹不已，遂据《神仙传》中黄初平叱石成羊的故事，将此山改名为"叱石"，一直流传至今。

广州五仙观

位于广州市惠福西路，建于明洪武十年（公元1377年），是一座祭祀五仙的谷神庙。关于五仙的传说，据《宋张励五仙观记》转引《南务岭表记》及《图经》所载，汉晋时，"初有五仙人皆手持谷穗，一茎六出，乘五羊而至，仙人之服与羊各异，色如五方，既遗穗与广人，仙忽飞升以去，羊留化为石。广人因即其地为祠祀之。"这即是五仙观前身。明清时期，五仙观规模相当宏大壮丽，殿堂多达十数处。原有照壁、牌坊、山门、中殿、后殿，两侧还有东西斋、三元殿、廊庑等。今五仙观受自然和人为损坏，观址被占，已缩至深巷之内，照壁、牌坊、中殿、三元殿和廊庑已荡然无存。建筑仅存仅门、仙迹池、后殿和岭南第一楼。

六羊山通天河景区

六羊山通天河景区，位于河南省平顶山市鲁山县尧山镇境内，荟萃八百里伏牛山精华。建在天柱峰上的祖师殿，始建于公元638年，比武当山的紫霄宫早283年，可谓是香火久远。

传说祖师为了造福人间，恩典中州百姓，将祖师殿建在山羊都爬不上去的"天柱峰"上，为了能在陡峰峻山上完成这样浩大的工程，祖师为此派了六只神羊，一夜之间把建庙的材料全部运上山去。当地百姓为了感谢上苍，纪念神羊，故取名"六羊山"。

"通天河"从山顶到山底，自上而下，落差达450米，犹如一条玉带，穿崖过涧。

六羊山通天河景区主要景点有：祖师殿、玉皇庙、红石崖等著名景点三十余处。印在海拔800米红石崖绝壁，五指分明的"玄天一足"，传说是祖师爷上山时一足踏断巨石留下的足迹，甚为传奇。

羊的故事

苏武牧羊

"苏武留胡节不辱,雪地又冰天,穷愁十九年,渴饮雪饥吞毡,牧羊北海边……";文茜包为《苏武牧羊》的民歌,曾经广为流传,歌中赞扬的苏武是汉朝派往匈奴的使节。

苏武是西汉杜陵(今西安东南)人。公元前100年,汉武帝为同北方游牧部族匈奴和解派苏武以"中郎将"的身份,带领副使张胜等人出使匈奴。正当苏武完成任务准备返回汉朝时,匈奴缑王图谋绑架单于的母亲归汉,副使张胜也卷入了这一事件,苏武受到牵连。匈奴单于下令将汉朝使臣全部扣留,把苏武囚禁住一个大地窖中,不给水喝,不给饭吃,要用寒冷、饥饿逼迫苏武投降。苏武躺在寒冷的地窖中,饿了就啃羊毡衣上的毛;渴了就抓把雪吃,始终不肯屈服。

单于实在想不出其他办法,只好把苏武流放到北海(今贝加尔湖)边荒凉无人的地方,让他放牧公羊,并扬言"什么时候公羊产了奶,就放你回汉朝。"苏武在北海边,挖野鼠洞中的草根、野果来充饥,受尽了折磨,但他一直没有丢掉作为汉朝使臣凭证的"汉节"(用牛尾系在竹杖上)。单于多次派人诱劝苏武投降,许以高官厚禄,都遭到苏武严辞拒绝。

公元前87年汉昭帝即位后,要求匈奴放回苏武,单于谎称苏武已死,仍不肯释放。后来汉朝探知苏武下落,再次与单于交涉,机智地说:"我大汉皇帝狩猎时射中一只大雁,雁爪上系着一封信,信上说明苏武现在某湖畔"。单于听后,不得不放苏武回汉。公元前81年,年逾花甲、鬓发皆白的苏武,历尽19年磨难,紧握脱尽尾毛的"汉节",终于回到长安。从此,苏武牧羊的故事及其坚贞不屈的品格名扬千古。

苏武牧羊 寿山石雕 林发述作

五羊城

传说2000多年前,广州还是一片荒丘。一年此地大饥荒,坡山下有一农户贫困无依,交不起官府税赋,父亲被押走,儿子悲愤不堪,官老爷逼迫他去搞来谷子。食不裹腹的农户,哪来谷子?眼看三天限期将满,谷子仍颗粒无踪,少年悲鸣失声。蓦地,南天红光一闪,五仙人着五色衣,

分骑五羊,飘然降落在少年身边,羊口都衔着金光闪闪的稻穗。仙人以穗赠少年,让其即刻种下。少年照办,片刻,已是满田金谷了。他收割下交给官老爷,老爷逼迫他说出真相,他只好招了。贪官即带衙役奔向坡山脚,想抓住那几个"妖道"。五羊仙人正在歇息,不待衙役奔近,倏地腾空飘然远去,等他们包抄过来,地下唯有五块酷肖羊形的石头。后人在此建"五仙观",自隋唐至清,香火极盛。从此珠江两岸,年年金谷飘香,成了富饶美丽的鱼米之乡。因此广州城亦别称"五羊""羊城"和"穗"。现今越秀山上塑有五羊石雕,成为广州的标志。

亡羊补牢

从前,有个人养了一圈羊。一天早上他准备出去放羊,发现少了一只。原来羊圈破了个窟窿,夜间狼从窟窿里钻进来,把羊叼走了。

邻居劝告他说:"赶快把羊圈修一修,堵上那个窟窿吧!"

他说:"羊已经丢了,还修羊圈干什么呢?"没有接受邻居的劝告。

第二天早上,他准备出去放羊,到羊圈里一看,发现又少了一只羊。原来狼又从窟窿里钻进来,把羊叼走了。

他很后悔,不该不接受邻居的劝告,就赶快堵上那个窟窿,把羊圈修补得结结实实。从此,狼再也不能钻进羊圈叼羊了。

亡羊补牢的故事出自《战国策·楚策四》。

战国时期,楚国的楚襄王即位后,重用奸臣,政治腐败,国家一天天衰亡下去。大臣庄辛看到这种情况,非常着急,劝襄王不要成天吃喝玩乐,不管国家大事,这样长此以往,楚国就要亡国了。楚襄王听了大怒,骂道:"你老糊涂了吧,竟敢这样诅咒楚国。"

庄辛见楚襄王不纳忠言,只好躲到了赵国。结果庄辛到赵国才住了五个月,秦国果然派兵攻打楚国,攻陷了楚国的都城郢城。楚襄王惶惶如丧家之犬,逃到城阳。这时,他想到庄辛的忠告,又悔又恨,便派人把庄辛迎请回来,说:"过去因为我没听你的话,所以才会弄到这种地步,现在,你看还有办法挽救吗?"庄辛看到楚襄王有悔过之心,便借机给他讲了亡羊补牢的故事。

庄辛又给楚襄王分析了当时的形势,认为楚国都城虽被攻陷,但只要振作起来,改正过去的过错,秦国是灭不了楚国的。楚襄王听了,便遵照庄辛的话去做,果真度过了危机,振兴了楚国。以后,人们用"亡羊补牢"这句成语,表达处理事情发生错误以后,如果赶紧去挽救,还不为迟的意思。

以羊易牛

成语故事出自《孟子·梁惠王上》:

齐宣王问曰:"齐桓、晋文之事可得闻乎?"

孟子对曰:"仲尼之徒无道桓、文之事者,是以后世无传焉。臣未之闻也。无以,则王乎?"

沈阳张氏帅府砖雕　题款:尝下易牛笑齐宣

羊的故事

曰:"德何如,则可以王矣?"

曰:"保民而王,莫之能御也。"

曰:"若寡人者,可以保民乎哉?"

曰:"可。"曰:"何由知吾可也?"

曰:"臣闻之胡龁曰,王坐于堂上,有牵牛而过堂下者,王见之,曰:'牛何之?'对曰:'将以衅钟。'王曰:'舍之!吾不忍其觳觫,若无罪而就死地。'对曰:'然则废衅钟与?'曰:'何可废也?以羊易之!'不识有诸?"

曰:"有之。"

曰:"是心足以王矣。百姓皆以王为爱也,臣固知王之不忍也。"

王曰:"然。诚有百姓者。齐国虽褊小,吾何爱一牛?即不忍其觳觫,若无罪而就死地,故以羊易之也。"

曰:"王无异于百姓之以王为爱也。以小易大,彼恶知之?王若隐其无罪而就死地,则牛羊何择焉?"王笑曰:"是诚何心哉?我非爱其财。而易之以羊也,宜乎百姓之谓我爱也。"

曰:"无伤也,是乃仁术也,见牛未见羊也。君子之于禽兽也,见其生,不忍见其死;闻其声,不忍食其肉。是以君子远庖厨也。"

左慈化羊

《后汉书·方术列传》以及《神仙传》里都记载了东汉末年庐江人左慈的故事。

左慈,字元放,早年曾经在天柱山学道,后来四处游方。他曾经参加曹操举办的宴会,曹操想要吃松江的鲈鱼和四川的鲜姜,左慈都轻而易举地办到了。曹操看中了他的法术,就把他留在身边。

但是,左慈并不是凭空变出食物来的,因为凭空增加物质不符合自然法则啊。有一次曹操带领士大夫们到郊外游玩,中午大家都饿了,曹操就说:"元放,你来给大家变出些吃的喝的!"左慈笑眯眯地答应着,很快就给每个人变出美酒一升、肉脯一斤,大家都吃得饱饱的。曹操当然很得意,但是心里也有点疑惑。等郊游回去才发现,自己府中的酒肉少了很多,原来左慈卖的人情全是曹操请客。曹操哪里吃过这种哑巴亏,他马上命人把左慈抓起来,准备杀掉这个"妖人"。

左慈并不害怕,满不在乎地被带到曹操面前。他笑着对曹操说:"我之所以肯来,是怕你责怪手下办事不力,迁怒于他们。现在我要走啦!"说完,左慈身子一晃,躲进墙壁不见了。

曹操命令全城通缉左慈。很快,有士兵在街市上看见左慈,刚要上前捉拿,没想到满街的男女老少都变成了左慈的模样,穿着左慈的衣服,士兵们只好作罢。不久,又有人报告在阳城山上发现了左慈,左慈躲进羊群变成羊了。曹操就让人把整群羊都带来,他要亲自审问。

曹操朝着几百只羊发表讲话,说:"元放,你不要这样子!我只是试试你的法术,不是要杀你的!"这时一只老山羊拱着前腿,用两条后腿站了起来,说:"是真的吗?咩……"两旁的士兵眼疾手快,箭步上去就抓。不料这时几百只羊都拱着前腿站了起来说:"是真的吗?咩……"曹操和兵士都傻了眼。

曹操气得刚要下令把羊全杀掉,那只老山羊又变回左慈的样子,说:"你这样杀来杀去实在没有意思,我不想再跟你玩了。"说着,左慈就幻化无踪,从此再也没有出现过。

叱石成羊

叱石成羊　扇面　清代

《艺文类聚》卷九四引晋葛洪《神仙传》：皇初平牧羊，为一道士引至金华山石室中，四十余年未归。其兄初起寻访至山，问羊何在，答云，"在山东"。"兄往视，但见白石，不见羊。平曰：'羊在耳兄自不见。'平乃往，言：'叱！叱！羊起！'于是白石皆起成羊数万头。"亦省作"叱石"。

黄初平（又作皇初平），东晋金华丹溪人（今金华兰溪），自幼家贫，八岁起每天赶着一群山羊去村前的草地上牧羊。十五岁那年的一天，他出去放羊，人与羊全没了踪影。他的哥哥黄初起（又作皇初起），到处寻访，杳无音讯。四十多年后，初起在赶集时遇见一个道人，便询问这位道人初平的下落，道人告诉他说："金华山中有一牧羊儿，不知是否是初平。"初起忙求道人领他去金华山寻亲，初起到了金华山，在洞中找到了容颜未改的初平。

兄弟相见，初起询问初平，才知道他十五岁时在外出牧羊途中被一位仙翁带至此石室中修炼，自此超凡脱俗，潜心修道，钻研丹药，四十年不食人间烟火，终于悟得修道玄机，所以早就不念家了。悲喜间，初起问及当年羊群的下落，初平说："全在石洞外的山坡上哩。"哥哥去洞外一看，山坡上只有片片白石杂卧在草丛中，哪有什么羊呀？初平笑道："羊都在，您看不见。"初平便大叫"叱！叱！羊起！"，满山白石应声而起，都变成了羊。看得初起目瞪口呆，这才确信弟弟真的得道了。初起见道术如此神奇，便从弟学道，从此亦不食人间烟火，仅服食松籽茯苓。久而久之，兄弟俩均成仙，合称为二黄君（或作二皇君）。

清人赵翼诗云："初平叱石仙踪在，安得相寻醉碧筒"。后人用"叱石成羊"来比喻神奇，赞美修成正果后的道行。

十羊九牧

养不起　漫画　陶小莫作

《隋书·杨尚希传》记载了这样一个故事。

在南北朝的时候，北周有个叫杨尚希的人，他在周明帝、武帝、宣帝三个朝代长期担任重要职务。后来隋文帝取得了北周朝的政权，大刀阔斧改革弊政，革除了前朝鲜卑族的国家管理体制，一切恢复汉制：重新划分行政区域，设立州郡。但是，北周设立的州郡却过多过滥，有的地方方圆不到百里，就设几个县，一块千户人家的弹丸之地，却要划分两个郡管辖。这样做的结果，使各级官府机构迅速膨胀，官员和吏卒编制人数迅猛增加，国家财政不堪重负，文帝为此忧心忡忡。前朝老臣杨尚希对此弊端提出了意见。他说："我们现在设立的州郡太多了，这就好比'十羊九牧'，不仅浪费人员，国家的财政开支也负担不起！"为此，他建议除了保留那些重要的州郡之外，凡属闲置、臃肿的州郡，该撤的坚决撤、该并的坚决并，凡冗员都要坚决裁掉，要通过此次改革和调整建立起精干、效能，能为我朝办事的官府机构。隋文帝采纳杨尚希的建议，颁布诏令，撤并了许多州郡，裁减了冗员，从而巩固了北周政权。

羊羔跪乳

很早以前，一只母羊生了一只小羊羔。羊妈妈非常疼爱小羊，晚上睡觉让它依偎在身边，用身体暖着小羊，让小羊睡得又熟又香。白天吃草，又把小羊带在身边，形影不离。遇到别的动物欺负小羊，羊妈妈用头抵抗保护小羊。一次，羊妈妈正在喂小羊吃奶。一只母鸡走过来说："羊妈妈，近来你瘦了很多。吃上的东西都让小羊吸收了。你看我，从来不管小鸡们的吃喝，全由它们自己去扑闹哩。"羊妈妈讨厌母鸡的话，就不客气地说："你多嘴多舌搬弄是非，到头来犯下拧脖子的死罪，还得挨一刀，对你有啥好处？"气走母鸡后，小羊说："妈妈，您对我这样疼爱，我怎样才能报答您的养育之恩呢？"羊妈妈说："我什么也不要你报答，只要你有这一片孝心就心满意足了。"小羊听后，不觉下泪，"扑通"跪倒在地，表示难以报答慈母的一片深情。从此，小羊每次吃奶都是跪着。它知道是妈妈用奶水喂大它的，跪着吃奶是感激妈妈的哺乳之恩。这就是"羊羔跪乳"。

"羊羔跪乳"语出古训《增广贤文》，原文是"羊有跪乳之恩，鸦有反哺之义。"

龙女牧羊

洞庭龙女闺名三娘，自下嫁于泾河小龙，由于夫妻感情不睦，因此小龙时常虐待三娘，三娘反抗，被贬在泾河岸旁牧羊。

书生柳毅，路过泾河，见三娘哭泣，遂问其故，三娘和盘托出，柳毅深表同情，于是三娘致信相托，柳毅千里传书，遂去洞庭，并入海见洞庭龙王，洞庭君认为女儿出嫁从夫，不予相救。三娘叔父钱塘君火龙闻情大怒，率兵去战，除去泾河龙族，三娘被救返。洞庭龙王命三娘守节，不许其与柳毅交往，不等天明，便直接送柳毅回家。钱塘君闻讯，乔装送三娘至柳毅家，柳毅母亲以为柳毅已经身死。火龙便将告知她柳毅今晚当归，特送女儿前来与柳毅成亲。柳毅回，其母命其与三娘成亲，洞房之夜，柳毅不知内情，对新娘冷若冰霜，三娘自揭红盖，与其说明真相，柳毅方才恍然大悟，遂与三娘喜结良缘。

龙女牧羊　陶塑　福建德化　赖双安作

三羊开泰

"羊"的绘画

追羊图　新石器时代　内蒙古达尔罕茂明安联合旗夏勒口

羊群　新石器时代　内蒙古磴口县沙金陶海苏木格尔敖包沟
　　三只羊前后相随觅食。体内采用空白法，技法娴熟，造型生动，是古代游牧社会羊群布野的生动写照。

「羊」的绘画

山羊　新石器时代　内蒙古达尔罕茂明安联合旗夏勒口

奔驰的羊群　新石器时代
内蒙古乌拉特中旗呼鲁斯太苏木地里哈日

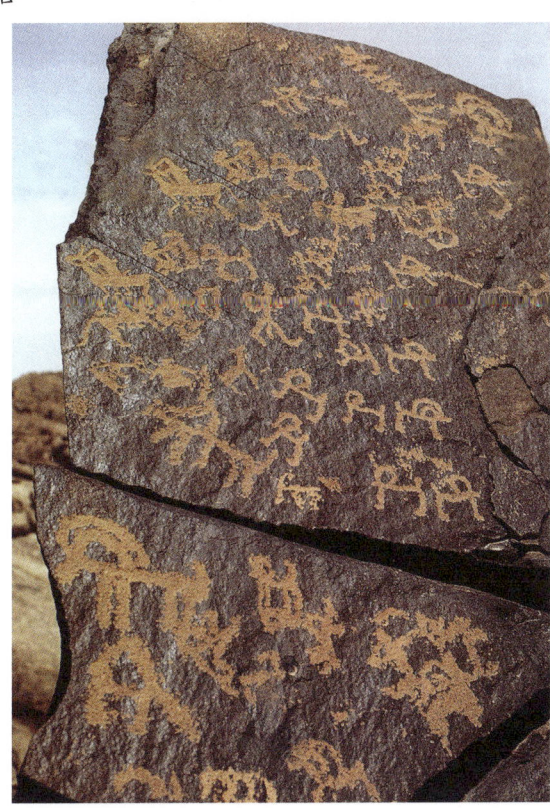

围猎盘羊与牧羊　新石器时代
内蒙古阿拉善右旗孟根布拉格苏木曼德拉山

羊　汉画像石　四川

喂羊　汉画像砖　河南南阳
　　羊四足站立，犄角弯向脑后，项系一索，下有石糟，盛有草料。上下饰有云纹和菱形纹。

墓室西壁右框画像　东汉　陕西省绥德县博物馆藏

　　图中一只美化了的北山羊昂首跨步位居中央，两角卷曲盘回，髭须下垂，仅用半段阴线刻出了闪烁明眸的眼神。古俗以羊代表吉祥之意，再用祥云瑞气和灵禽神兽组合为背景，边旁加添了夔螭纹饰，形成了一幅显示墓主人殷贵和富有的画面。

二羊开泰图　　元　　赵孟頫　　美国弗利尔美术馆藏

　　画面构图极其简洁，描绘了一只绵羊和一只山羊，背景留白，左侧以俊秀的赵体行书题款。画面满布的其余部位的题款均是历代收藏家所为。画面右侧的山羊毛色黝黑，四腿分开，双肩低耸，正低头向右探看，耳朵和双角直竖，尾巴翘起，显得非常机警，似在窥伺旁边的绵羊，有挑衅之姿。而一旁的绵羊神情淡定，不为所动，后腿略分开，姿态优雅安闲。

（林承琳）

三羊开泰图　明　故宫博物院藏

「羊」的绘画

开泰图　清代　郎世宁　台北故宫博物院藏

"羊"的绘画

松树羚羊图　清代　郎世宁　沈阳故宫博物院藏

苏武牧羊　　清代　黄慎

苏武牧羊　清代　任伯年

『羊』的绘画

羊　现代　刘奎龄

「羊」的绘画

未羊　现代　齐白石

奔羚　现代　刘继卣

「羊」的绘画

少女牧羊　现代　程十发

羚羊　现代　韩美林

「羊」的绘画

北海秋阳　现代　范曾

母子图　现代　冯远

苏武牧羊　现代　王明明

「羊」的绘画

三羊开泰　现代　王鹏飞

"羊"的绘画

乡土情　现代　姚占芳

"羊"的雕塑

四羊方尊　商代后期　中国国家博物馆藏

这是一件商代青铜工艺技术杰出的代表作之一，整体造型成功地把平面的图像、夔纹、兽面和鳞纹与主体的雕塑——四只大卷角羊、夔龙纹和长冠鸟有机地组合起来，运用分铸合范铸造工艺，集线雕、浮雕、圆雕于一器，充分展示装饰手法的丰富巧妙，令人瞩目，堪称商代青铜工艺的绝诣。

「羊」的雕塑

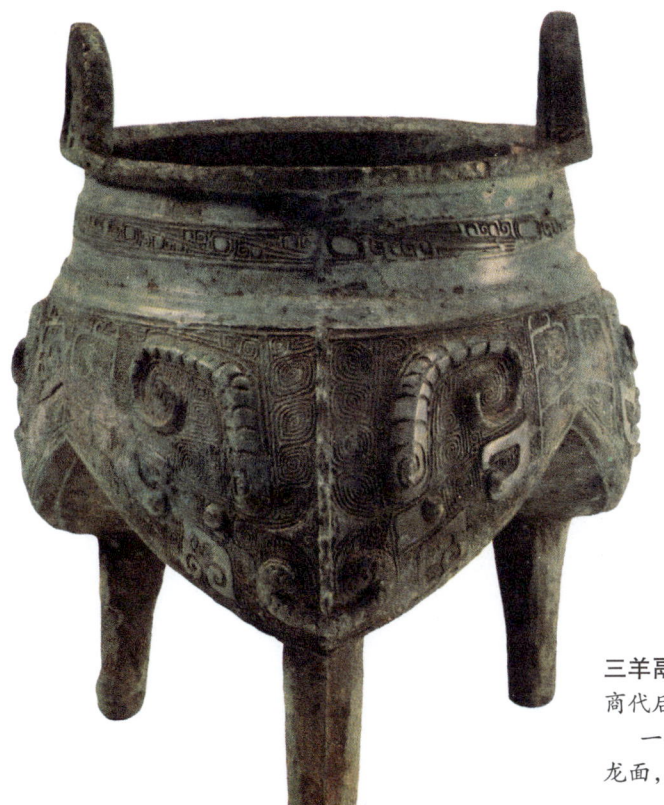

灰陶羊头
商代　河南博物院藏

三羊鬲
商代后期　湖南省博物馆藏
　　一般饕餮纹以虎面为多，也作牛、鹿或龙面，此鬲以羊作面，较为特殊。

羊形埙　商代　河南博物院藏

癸古方尊
西周　上海博物馆藏
　　此尊造型与众不同，方腹圆口，颈高腹扁，口沿下端有兽面纹和鸟纹，腹、肩部又有夔纹、兽面纹。对鸟纹铸于圈足上，腹部四边角各有一羊角、牛头、象鼻兽，这样多种动物的组合装饰，实不多见，铭文有"癸古作旅"。

三羊饕餮瓿　商代后期　故宫博物院藏

羊首短剑　商代后期　河北省文物研究所藏

双羊尊　商代后期　英国不列颠博物馆藏

尊口及颈作筒形，腹为两羊相背形，各有羊前半身。颈上饰两道弦纹，下为饕餮纹。羊通饰绵麟纹，颌下、腹下有扉棱，象征羊须及腹部垂毛。

此尊不仅造型奇特，似龙面的饕餮纹也较少见。

"羊"的雕塑

三羊饕餮纹尊　商代后期　湖南省博物馆藏

侈口，折肩，腹下敛，高圈足。颈饰夔纹，有三大卷角羊首，又有三昂首伏鸟。腹饰饕餮纹，有三道扉棱。圈足上有三十字镂孔，饰三道弦纹，下为饕餮纹，也有三道扉棱，与腹部呼应。

此尊造型，腹短而圈足高，肩上羊首甚大；所饰饕餮纹，各部分多以乳钉作目，分视成为小的蛇纹和兽面，均颇奇异。

羊尊　商代后期
日本藤田美术馆藏
　　通体作绵羊形。背有盖，盖面饰饕餮纹，前有立夔，后有立鸟，体侧饰龙身凤首的长形花纹。

弜伯羊尊　西周中期　宝鸡市博物馆藏

「羊」的雕塑

人面纹羊角钮钟 西汉 广西壮族自治区博物馆藏
钟作半橄榄形,顶上有羊角形钮,钮下有镂孔,钟面饰人面纹,是当地少数民族特有的器物。

「羊」的雕塑

青铜羚羊饰件　西周

玉羊　西周

包金卧羊带饰　西汉

我国古代早已掌握了用金银铸造、装饰器物的技术，在金属中对金的认识很充分，运用也很广泛，有金箔、包金、错金、鎏金等。自古以来，人们均很重视对金属工艺的发展，尤其在汉代，贵族阶层用各种手段、技术制造，金银器非常盛行。此件带饰即是早期的装饰手法包金制成，为匈奴遗物。

铜奔羊　东汉　河南博物院藏

铜羊灯　汉代

石羊　汉代　故宫博物院藏

石羊五官用线雕，腿部用浮雕，躯体用圆雕。这种线雕、浮雕、圆雕共用的处理方法，在汉代较为流行。质朴古拙的风格，也与汉代其他艺术品相一致。

青铜卧羊饰牌　汉代

「羊」的雕塑

青釉卧羊　东晋

青瓷褐斑羊水注　东晋　南京博物院藏

羊形烛台　东晋　镇江市博物馆藏

青瓷褐斑羊水注
东晋　南京博物院藏
山羊作跪伏状，以口为流，尾部卷曲呈环，颈、臀两侧各贴一系，背负圆筒，另用褐斑点彩突出双目、背脊、足、尾。

青瓷羊　三国
中国国家博物馆藏
这只青瓷羊造型为静卧状，头稍昂，口微张，温顺安详的天性被刻画得淋漓尽致。全身无过多的装饰，青釉光润。胎以高岭土为主要原料，坚硬细腻。羊的头顶刻一浅圆孔，以备插蜡烛做烛台之用，是一件美观大方又具实用价值的工艺品。

卧羊　北朝　山西省博物馆藏

「羊」的雕塑

母子羊　隋　安徽省博物馆藏

北宋皇陵石羊

「羊」的雕塑

玉羊　宋　台北故宫博物院藏

杭州岳飞墓石羊

白釉黑彩瓷羊
明　安徽省博物馆藏

黑釉羊　金　旅顺博物馆藏

149

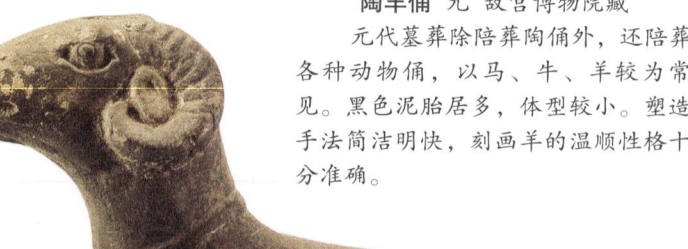

陶羊俑 元 故宫博物院藏
元代墓葬除陪葬陶俑外,还陪葬各种动物俑,以马、牛、羊较为常见。黑色泥胎居多,体型较小。塑造手法简洁明快,刻画羊的温顺性格十分准确。

白玉苏武牧羊牌　清代

羊脂白玉羊　清代　扬州博物馆藏

白玉羊首带钩　清代　常熟博物馆藏

"羊"的雕塑

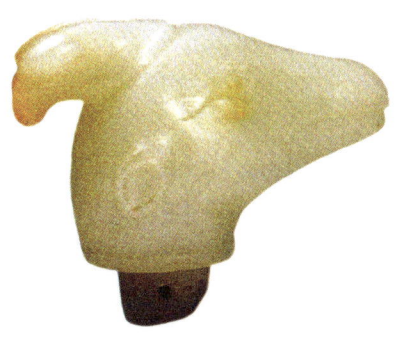

青玉羊头杖首 清代

苏武牧羊 黄杨木雕
清代 温州博物馆藏

　　这件木雕表现苏武持节牧羊的情景。羊群围拢在苏武身边，或卧或立。苏武头戴风帽，脸上布满皱纹，颔下长髯，显出几分苍老，也寓示环境的艰苦。身着长袍，垂直的衣纹和三角形的构图，加强了稳定感，加深了苏武品格的刻画。

牧羊人 牙雕 清代

"羊"的篆刻

   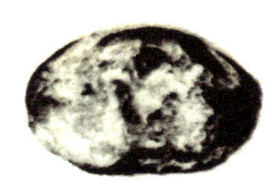

双羊纹印	三羊纹印	羊纹印	肖形印
汉　故宫博物院藏	汉　故宫博物院藏	汉　故宫博物院藏	汉　故宫博物院藏

   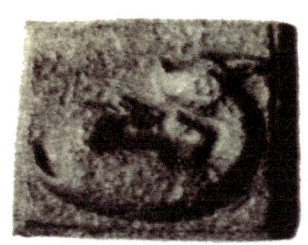

羊纹印　汉　故宫博物院藏

肖形印
汉　故宫博物院藏

「羊」的篆刻

羊纹印　汉

羊形钮玉印
清　常熟博物馆藏

羊纹印　孙其峰

生肖羊　现代　陈冠英、张维萍

"羊"的年画

六畜兴旺　清代　云南丽江

　　六畜即马、牛、羊、鸡、犬、猪六种家畜，因马能驮人致远，牛乃耕田运粮，羊有跪乳之恩，鸡有报晓之功，犬有守夜之父，猪有庖厨之用，是六畜之所由来。丽江纳西族在晋、唐史籍中，称之为"磨些"。农业、畜牧业都较发达，故希望五谷丰收外，也盼望六畜兴旺。纳西族通用汉文，新年风俗大致与汉人相似。此图即新年时丽江纳西族家庭贴用的年画之一，图中人物形象和衣装皆像本民族；六畜之外，还画一虎，因丽江多山，虎为山神，祀之可以保人畜平安，故图之于画面前方。

庆祝新春 庆祝胜利 木刻版印 现代 孙玉石

抗日战争时期，陕北延安的美术家为宣传抗日救国，刻印了大量仿木版年画形式的新画样。此图作者孙玉石，绘刻于1939年。图上画一对夫妻，男的右手握一红缨枪，左手握一锄煤大铁锨，显示出工人阶级一面生产，一面警惕敌人入侵矿区。左边妇女，双手抱一捆新割之谷穗，喜获丰收。二人膝前，一男孩持刀，一女孩高举书本，分骑在羊背上。表现了陕北边区人民生活之概貌。

「羊」的年画

「羊」的年画

三羊开泰

现代　山东潍坊

乙未贺岁

"羊"的玩具

鱼龙变化 1988年征集　山西绛县

　　山西河东地区有鲤鱼跃过龙门变化成龙的传说，龙和鱼均属水族，河东地区的人们读水为"fu"，与"福"谐音音，制成龙头鱼尾玩具，有望子成龙和为孩子祈福之意。用黄布缝制，明快而具神圣感，造型兼有龙的威严和鱼的活泼矫健，体现出出作者丰富的想象力。

「羊」的玩具

羊　布　山西黎县

泥咕咕　河南浚县　王兰田

羊拉车　彩塑

羊　毛绒玩具

兜兜羊　毛绒玩具

喜羊羊　毛绒玩具

羊　毛绒玩具

「羊」的玩具

羊　毛绒玩具

"羊"的剪纸

羊　民国　西北地区

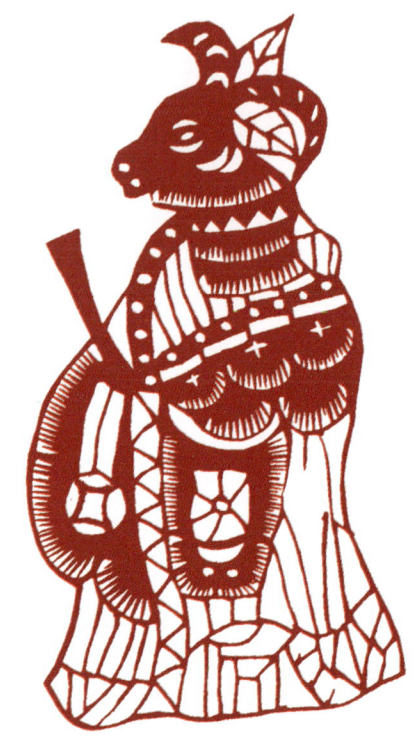

人身十二生肖羊　山东高密

归牧　1943年　古元

寿桃生肖羊
窗花　山东高密　刘亚平藏

「羊」的剪纸

猴子骑羊　山东　毕珍序作

喂羊　陕西延安　古元

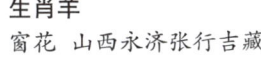

娃娃骑羊　山西

童子十二生肖羊　山东莱州

生肖羊
窗花　山西永济张行吉藏

羊　山东福山

未羊　陕西

窗花四幅　陕西、山西　段改芳、程征藏

童子十二生肖羊　山西

十二生肖羊　河北蔚县

喂羊　陕西延安

羊　陕西延安

羊（五幅）　陕西米脂　周萍英

「羊」的剪纸

羊　河北

羊　山东

羊　河北

羊　辽宁　韩玉琴

"羊"的剪纸

猴骑羊　山东高密

生肖羊　窗花
山东牟平鲍家虎藏

羊　河北

羊　山东

羊　山东

福字十二生肖羊　山东

"羊"的火花

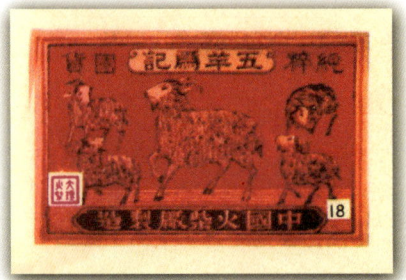

「羊」的火花

乙未贺岁

十二生肖艺术丛书·乙未

「羊」的火花

「羊」的火花

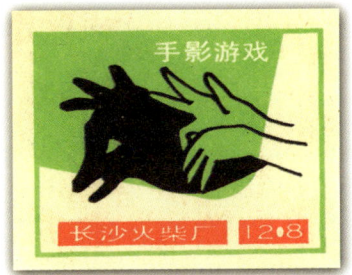

"羊"的磁卡

「羊」的磁卡

乙未贺岁

十二生肖艺术丛书·乙未

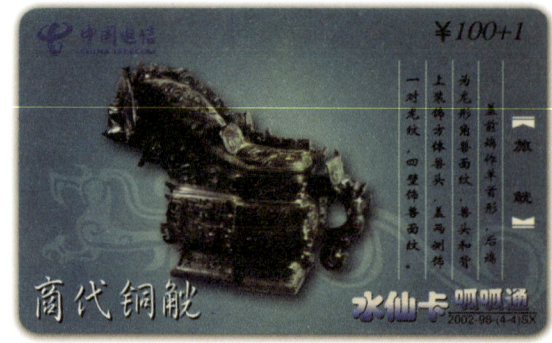

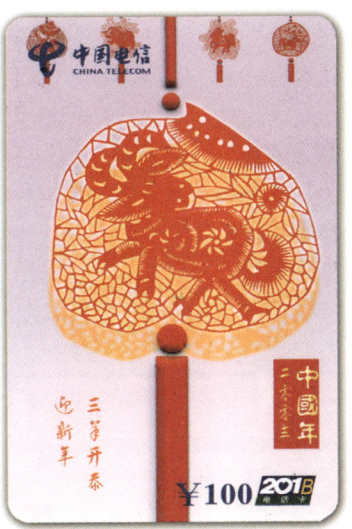

「羊」的磁卡

『羊』的磁卡

"羊"的票券

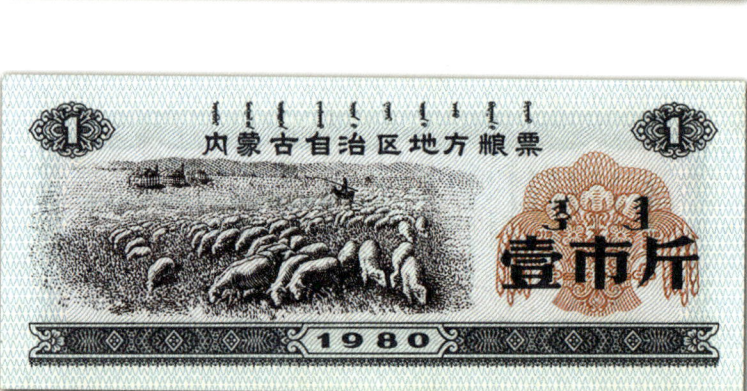

「羊」的票券

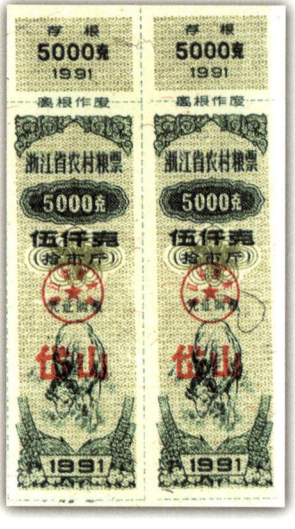

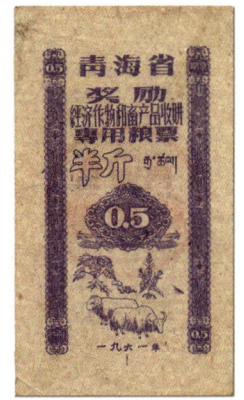

「羊」的票券

乙未賀歲

十二生肖艺术丛书·乙未

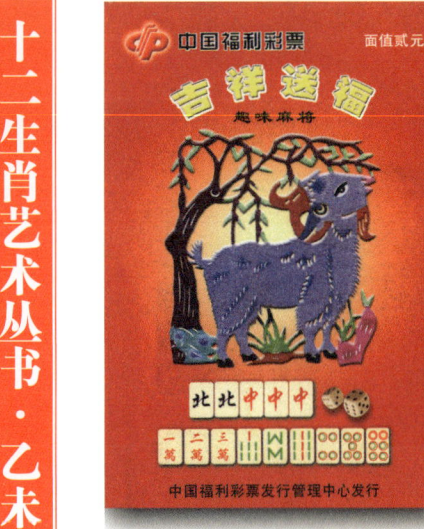

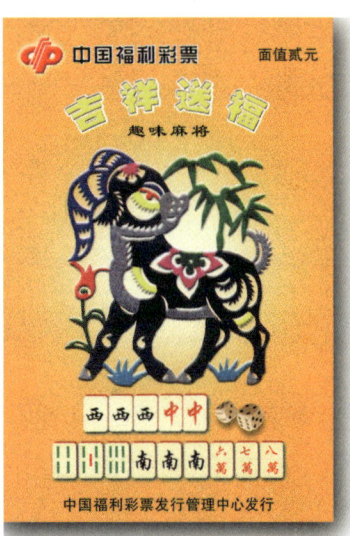

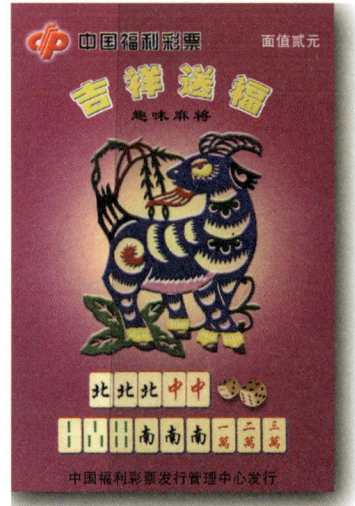

  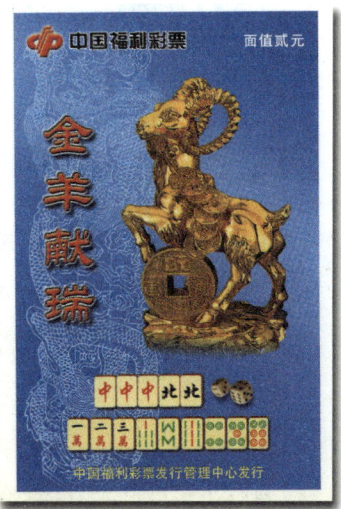
  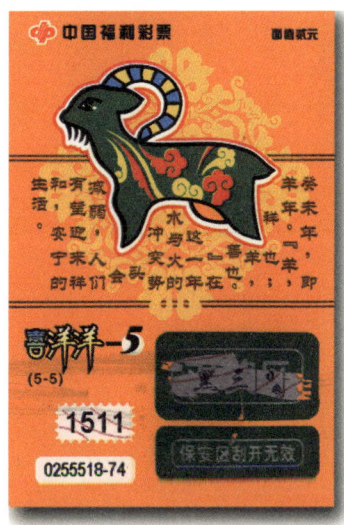
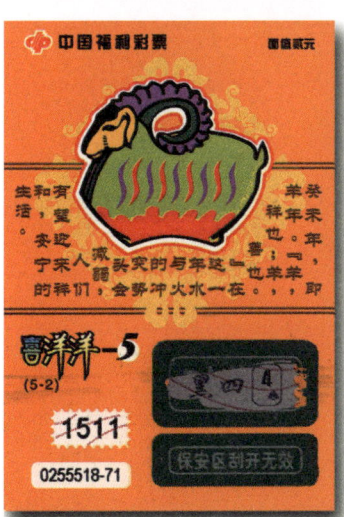  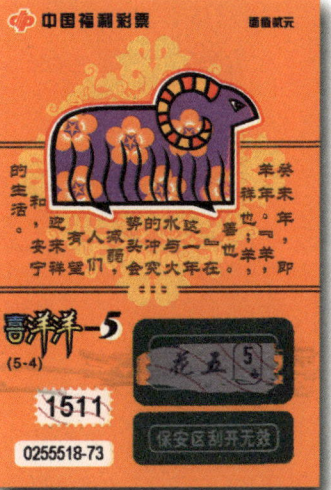

"羊"的票券

"羊"的古代纹饰

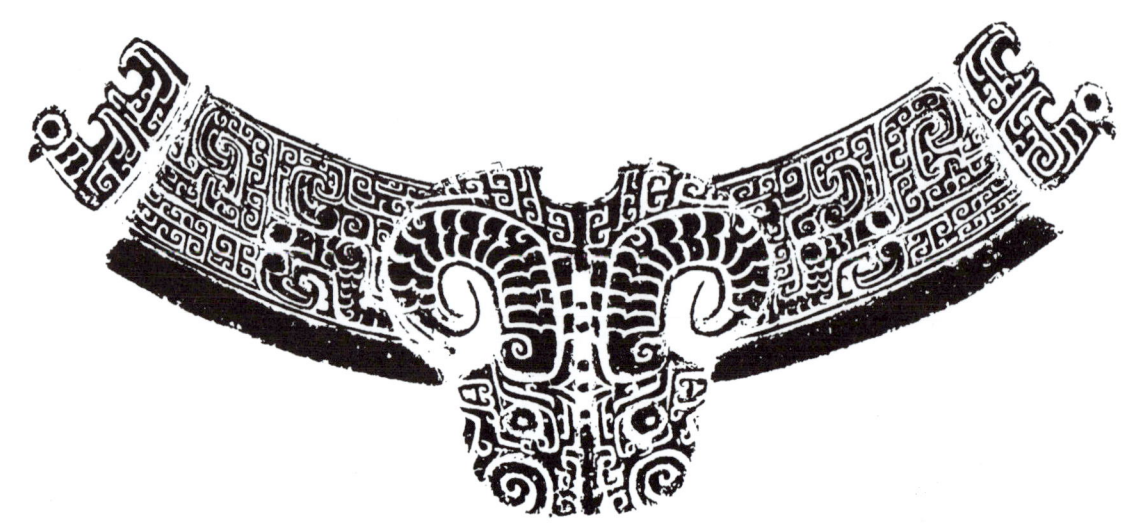

商代青铜羊首白乳雷纹罍上的羊首纹

江苏徐州出土的汉代画像石上的羊纹

广西出土的汉代羊纹铜牌饰

「羊」的古代纹饰

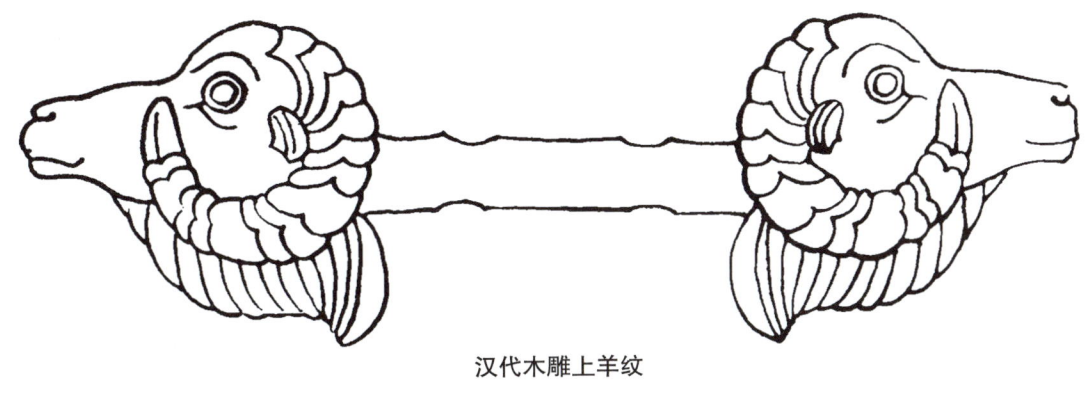

汉代木雕上羊纹

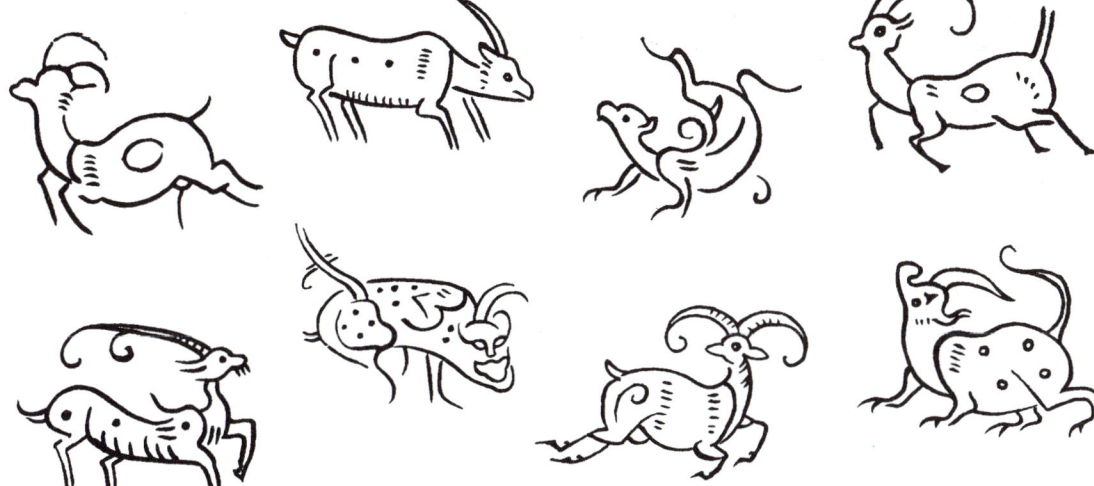

汉代铜镜羊纹

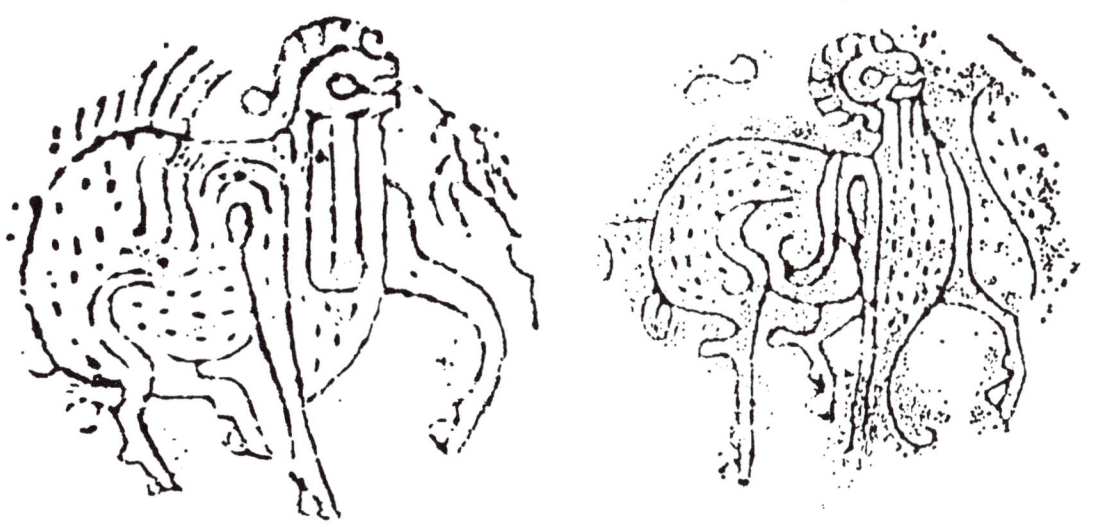

湖南桃源东汉墓出土的铜洗上的羊纹

湖南长沙马王堆一号汉墓漆棺上的羊纹

江苏徐州出土的汉代画像石上的对羊纹

汉铜洗子母羊

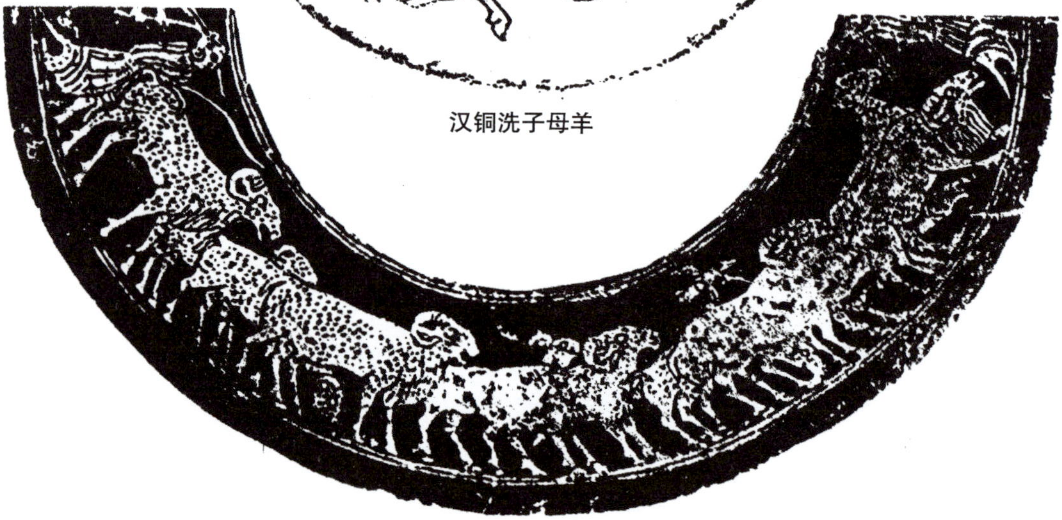

云南晋宁汉代贮贝器器盖上的羊纹

「羊」的古代纹饰

内蒙古黑城古城遗址出土的羊纹瓦当纹样

江苏徐州出土的汉代画像石上的瑞羊纹

江苏徐州出土的汉代画像石上的羊纹

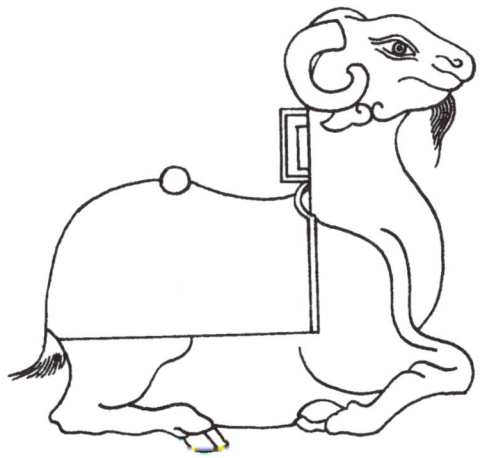

四川出土的汉代画像石上的羊纹

唐代杨执一墓志石刻
十二生肖之羊

唐代对羊纹锦上的羊纹

新疆吐鲁番出土的唐代蜡缬毡上羊纹锦上的羊纹

甘肃酒泉下河清五灞河壁画上的羊纹

「羊」的古代纹饰

唐代杨执一墓志盝顶石刻十二生肖之羊

四川什邡县出土的唐或五代金腰带上的十二生肖之羊

江苏邗江的五代南唐王民墓志石刻十二生肖牛、羊

唐代尉迟敬德墓志石刻十二生肖羊

唐代李嗣本墓志盖盝顶石刻十二生肖羊

"羊"的卡通

「羊」的卡通

乙未贺岁

乙未贺岁

"羊"的图案

班昆绘

杨治国、沈康、杨新安绘

附 记

20世纪羊年大事记

中国农历丁未年
（公元1907.02.13—1908.02.01）

2月，秋瑾接任大通学堂督办。

3月初，中国东南数省灾情严重，连续出现抢米风潮。

3月4日，日本政府应清政府要求，追令中国同盟会总理孙中山离境。

3月5日，俄国第二届杜马在圣彼得堡召开。

3月6日，江苏、浙江、安徽、广东等省许多州县发生抢米风潮。

3月8日，妇女选举权提案在英国被否决。

3月8日，清政府公布《女子小学堂章程》和《女子师范学堂章程》，女子教育由此取得合法权。

3月13日，美国股票暴跌，经济大恐慌开始。由于受1906年美国旧金山大地震，以及铁路的扩张计划和日俄战争的影响，3月13日，纽约股票下跌，造成了美国经济大恐慌的开始。10月，纽约股票市场大幅暴跌，金融市场出现骚乱。最后在美国财政部及摩根、洛克菲勒等财团的支持下，金融危机得到缓解。

3月14日，美国总统罗斯福与日本缔结"君子协定"，拒绝日本劳工进入美国。

4月20日，中国清政府整顿东三省，并设奉天、吉林、黑龙江三省巡抚。

4月29日，广东的那黎、那彭、那思（今属广西）人民反抗清政府苛征糖捐，推刘恩裕为首领，组织"万人会"抗击清军。刘恩裕在战斗中牺牲。乡民派代表与孙中山联系，孙中山派王和顺前往。9月，王和顺再次组织起义，攻克防城（今广西防城港市），后进军广西，遭清军围攻，起义军返回三那，宣布解散，部分起义军退入十万大山。

5月，印度各地举行纪念1857年民族起义50周年活动，遭英国殖民者镇压。

5月19日，北京天主教大主教樊国梁请求法国召海军陆战队入京"保护教堂"。

5月22日，按中国同盟会在广东潮州、

惠州的起义计划，许雪秋派陈涌波、余纪成等于当夜攻入潮州黄冈（今饶平），缴获清军枪械数十枝，张贴中华国民军布告安民。起义军后因死伤甚众，遂告失败。

6月2日，中国同盟会邓子谕在广东会州（今惠阳）召集会党力量，在女七湖夺取清军消防营武器，举行起义。

6月15日，第二次国际和平大会在海牙召开，有44个国家代表参加。

6月16日，俄国杜马因叛国罪被解散。

7月6日，光复会首领徐锡麟及巡警学堂学生十多人，乘安徽安庄巡警学校毕业典礼时发动起义，击毙安徽巡抚恩铭。印发《光复军告示》，率巡警学堂学生攻占军械局。起义失败，徐锡麟被俘后英勇就义，终年34岁。

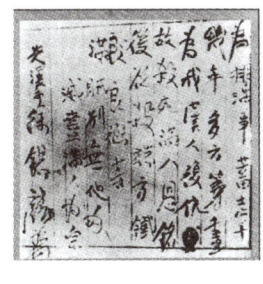

7月8日，中俄订立《北满州关税章程》。

7月14日，同盟会浙江主盟人秋瑾因响应徐锡麟安庆起义事泄被捕。15日，秋瑾被害。秋瑾早年留学日本，曾入光复会。在上海发刊《中国女报》后不久回绍兴，主持大通学堂，联络金华、兰溪等地会党，组织光复军，与徐锡麟分头准备安徽、浙江两省起义。徐锡麟起义失败后，清军包围大通学堂。15日，秋瑾就义于绍兴轩亭口。

7月29日，英国罗伯特·巴登·鲍威尔创立童子军。旨在培养英国男孩的纪律性与自我牺牲精神。这种使儿童接受军事化训练的一种组

织。不久即流行于许多国家。每四年举行一次世界童子军大会。

7月30日，法国占领摩洛哥乌季达，激起卡萨布兰卡人民的英勇抵抗。

7月30日，日本与俄国订立第1次《日俄密约》，划分在中国东北的势力范围。

8月1日，朝鲜全国十三道义兵因日韩新约的签订及军队被迫解散而举行暴动。

8月18日，第二国际第七次代表大会在德国斯图加特召开。

8月31日，英国与俄国签订瓜分伊朗、阿富汗和中国西藏势力范围的协议。

9月3日，中国同盟会员王和顺等率众200余人在钦州、廉州等地起义。

9月4日，挪威著名作曲家爱德华·格里格（1843-1907）去世。

10月14日，俄国召开第三届杜马。

11月4日，江苏、浙江、安徽各界人士纷纷集会，拒绝向英借款修筑铁路，掀起一场收回筑路权的群众爱国运动。

12月2日，由美国16艘新型战舰组成的庞大舰队出发，开始为期一年零两个月的环球航行。各国以《强大的美国海军》为题进行了报导。

12月2日，中国同盟会会员黄明堂等率部在镇南关（今友谊关）起义，占领右辅山的镇南、镇中、镇北3个炮台。孙中山、黄兴从越南河内到炮台督战。起义军扼守炮台奋战数日，毙伤清军200余人，终因众寡悬殊，弹尽粮绝，突围退入越南。

中国农历己未年

（公元 1919.02.01—1920.02.19）

1月18日至6月28日，巴黎和会在法国凡尔赛宫举行。27个国家的代表团出席，德国等战败国未参加。会议先由英、法、美、意、日五国各派2名代表组成的"十人会议"操纵；后于3月成立美、英、法、意四国首脑会议。25日，巴黎和会通过建立"国际联盟"的决议。4月28日，巴黎和会通过《国联盟约》；30日，决定将德国在中国山东的权益让给日本。

2月20日，南北"和平会议"在上海开始。

3月1日，汉城、平壤等城市举行反日示威，爆发大规模反对日本占领者的人民运动。

3月16日，苏维埃全俄中央执行委员会主席斯维尔德洛夫在莫斯科病逝，终年34岁。

3月18日，印度人民领袖英汉达斯·甘地，宣布全印度绝食并停止工作1天，以抗议英属印度政府颁布的《罗拉特法》。英印当局无视甘地的和平主义行动，引起暴动。

3月23日，贝尼托·墨索里尼在意大利的米兰，建立第一个以退伍军人为骨干的法西斯组织"战斗团"。

4月28日，《国际联盟盟约》定稿。"国联"常设机构设秘书处，地址在瑞士日内瓦。

5月1日，法国巴黎50人因通货膨胀及失业举行示威游行。游行队伍与军警发生冲突，造成流血事件。

5月1日，北京《晨报》副刊出版"劳动节纪念专号"，发表李大钊的《五·一节杂感》，为中国报刊纪念"五·一"国际劳动节之始。

5月3日，英国发动侵略阿富汗的战争。

5月4日，"五四运动"爆发。

5月4日，由于巴黎和会决定由日本接受德国在山东的特权，北洋政府屈于压力准备在和约上签字，北京学生3000多人在天安门前集会游行，要求"外争国权，内惩国贼"、"取消二十一条"、"拒绝和约签字"。会后举行爱国示威游行，火烧赵家楼曹汝霖住宅，痛击章宗祥。这一行动遭到军警镇压，警察逮捕学生32人。由此爆发全国规模的"五四运动"。

5月5日，北京学生代表集会议决：为要求释放被捕学生，一律罢课；致电巴黎和会中国代表，请对青岛问题死力抗争，万勿签字。全国各地学生纷纷奋起声援。南京、上海等150多个城市先后罢工、罢课、罢市，最终迫使北洋政府释放被捕学生，撤免亲日派曹汝霖、章宗祥、陆宗舆3人职务，拒绝在和约上签字。

这次运动是彻底地反对封建文化的思想解放运动，促进了马克思主义在中国的广泛传播及其与中国工人运动的结合。6月3日，北京20余所学校学生挑起讲演团大旗，展开爱国宣传活动。北京政府派军警步兵、马队驱散听众，逮捕学生。"六三"事件，激起全国人民的反对。从5日开始上海工人举行大罢工，罢工高潮时人数达8万余人，这标志着中国工人阶级，第一次以独立的姿态登上了政治舞台。

6月15日,由约翰·阿尔科克上尉驾驶、阿瑟·惠顿·布朗中尉导航的一架维克斯-维米双翼轰炸机,在进行了首次不间断地横越大西洋的飞行后,降落在爱尔兰。

6月16日,"中华全国学生会"在上海成立。

6月28日,协约国代表与德国代表在凡尔赛宫签署《协约和参战各国对德和约》,又称《凡尔赛和约》。"和约"自1920年1月20日起生效。

"和约"主要内容包括:德国将阿尔萨斯-洛林交还法国,萨尔煤矿归法国;德国的殖民地由英、法、日等国瓜分;德国向美、英、法等国支付巨额赔款;德国承认奥地利独立;限制德国军备,并规定莱茵河以东50公里为非军事区。

美国代表虽在"和约"上签字,但美国国会未予批准。1921年,美国单独同德国签订了一项内容几乎相同的条约。中国是战胜国之一,但和约却规定将战前德国在山东的特权交给日本。中国代表拒绝在《凡尔赛和约》上签字。

7月4日,美国得克萨斯州发生迫害黑人事件。27日,芝加哥发生大规模种族骚乱。

7月14日,《湘江评论》在湖南长沙创刊。毛泽东在创刊宣言中指出:"世界上什么问题最大?吃饭问题最大。什么力量最强?民众联合的力量最强。"

8月5日,山东济南镇守使马良媚日卖国,屠杀爱国国民马云亭等,制造"济南血案"。

9月15日,中国政府宣布中华民国对德国战争状态终止。

9月16日,周恩来在天津组织成立"觉悟社"。

9月22日,在美国共产党领导人福斯特领导下,美国10个州50个城市的36万钢铁工人和20万铁路工人举行大罢工。

9月27日,英国百万铁路工人举行罢工,要求提高工资和停止武装干涉苏联。

10月10日,孙中山在上海将中华革命党改为中国国民党。

11月5日,北京北洋政府以靳云鹏为总理组阁。

11月10日,日本制造"福州惨案"。17日,福州学生罢课,商人罢市,抗议日本人暴行。

11月1日,美国50万煤矿工人大罢工。

12月3日,法国印象主义绘画大师雷诺阿,在他的戛纳别墅中去世,终年78岁。

12月7日,北京各界10万余人在天安门前聚会,声讨日本帝国主义残害福州人民的暴行。

12月24日,前总统冯国璋病逝,终年62岁。

中国农历辛未年

（公元 1931.02.17—1932.02.05）

2月25日，美国全国40万失业者参加"全国失业保险日"示威游行。

3月3日，美国1812年战争期间创作的《星条旗永不落》被正式定为美国国歌。

3月，印度城市坎普尔爆发有史以来最严重的社区暴力冲突。数百人被用大棒打死或乱刀砍死，许多房屋和宗教礼拜场所被烧毁。坎普尔的某些街道如同遭受地震般损坏。

3月20日，德国社会民主党领袖台尔曼去世，终年55岁。

3月25日，美国9名失业黑人青年被诬告，判处死刑，引起国内外抗议浪潮。

4月1日，蒋介石以何应钦为总司令，率20万国民党军队对中国共产党领导的中央革命根据地进行第二次"围剿"。5月16日起，红一方面军横扫700里，连打5个胜仗，至31日，取得第二次反围剿胜利。

4月12日，西班牙举行市政选举，共和派获胜，共和党领袖尼塞托·阿尔卡拉·萨莫拉要求国王阿方索十三世退位。14日，阿方索十三世逃离西班牙，革命委员会宣布成立共和国，萨莫拉任总统。

4月29日，中共"五大"中央委员恽代英在上海英勇就义，时年36岁。

5月1日，世界最高的建筑物、美国纽约曼哈顿大街的帝国大厦正式揭幕开放。这幢钢筋混凝土和玻璃结构的摩天大楼有102层，高1250英尺。这一天，在帝国大厦的86层，举行了隆重的揭幕典礼。帝国大厦建成后，一直保持着世界最高建筑物的记录，直到1973年纽约世界贸易中心建成后，才被打破。

5月11日，奥地利信贷银行宣告破产，引起中欧恐慌。

5月14日，埃及爆发反帝运动，工人罢工，人们走上街头，与军警发生冲突。

5月28日，奥古斯特·皮卡尔教授（1884-1962）乘汽球飞行，从德国奥古斯堡升空，上升至16940米的高度，成为第一个到达同温层的人。他乘坐的汽球，容积14000立方米，直经30米，十分巨大。

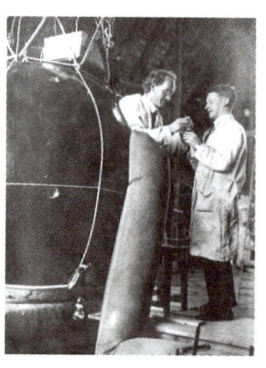

6月28日，西班牙举行立宪会议选举。

7月，日本在中国东北制造"万宝山事件"。

7月1日，蒋介石亲任总司令，并聘请外国军事顾问，率军30万，开始对中央革命根据地的第三次"围剿"。红军在毛泽东的指挥下，于8月6日至11日，在莲塘、良村、黄陂三战三捷。8月16日至9月15日，红军采取声东击西的战术，又连打3个胜仗，全歼

敌五十二师和第九师的一个旅,胜利粉碎了第三次围剿。

7月16日,美国达拉普萨县黑人农民举行抗议暴行示威。

7月31日至8月5日,德国继达纳特银行倒闭后,全国所有银行均关闭。

8月,中国长江流域暴发特大洪水,中下游淹死14万余人。整个江汉平原,一片汪洋。

8月24日,英国麦克唐纳内阁辞职。25日,麦克唐纳组成由保守党、自由党和工党组成的"国民联合内阁"。

9月18日,日本制造"九一八"事变。日本关东军在中国东北制造了一系列挑衅事件后,于9月18日夜蓄意将南满铁路柳条湖一段路轨炸毁,然后诬称中国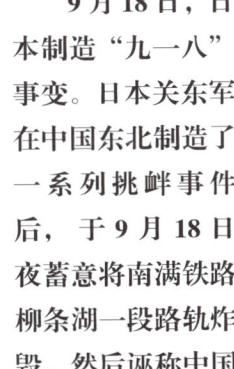军队所为,炮轰东北军驻地北大营,同时进攻沈阳。19日,日军侵占沈阳、长春、四平等二十余城,辽宁、吉林两省基本沦陷。

9月22日,中共中央发表宣言,号召人民群众抗日救国。10月,全国民众反日运动蓬勃发展。上海、北平、天津、广州、南京、汉口、南昌等地先后举行反日罢工、学生罢课,并组织起若干义勇队。杭州市举行抗日救国大会。当日大雨,参加大会的10万人在雨中挺立数小时,悲壮激昂。

10月18日,美国发明家家托马斯·阿尔瓦·爱迪生(1847-1931)在新泽西州奥林奇去世,终年84岁。他的一生中,在留声机、电灯及电影技术等很多方面共获得了1000多项发明专利。

10月24日,美国黑社会头子艾尔·卡彭被美国联邦调查局逮捕。艾尔·卡彭自前年制造了"情人节屠杀"后,一直控制着芝加哥的黑社会。美国联邦调查局对他提出的唯一指控是逃税。

11月1日,中国共产党苏区中央局撤销毛泽东苏区中央的政治局书记职务,由项英、任弼时临时负责。

11月7日,中华苏维埃共和国临时政府在江西瑞金成立。

12月8日,美国全国失业者第一次向华盛顿"饥饿进军"。

12月10日,国联通过决议,决定派以李顿为首的调查团赴中国东北进行"调查"。

12月14日,中国国民党第二十六路军在赵博生、董振堂等领导下,在江西宁都起义。

12月17日,中国各地学生在南京举行大示威,要求抗日,遭到国民党军警镇压,造成"珍珠桥惨案"。

12月22日,中国国民党四届一中全会召开,蒋介石辞去国民政府主席及行政院长职务。

中国农历癸未年

（公元 1943.02.05—1943.01.24）

2月8日，苏军收复库尔斯克。

2月9日，太平洋所罗门群岛战役以美国战胜日本而告结束。2月10日，美国军队收复瓜达尔卡纳尔岛。日军在遭受惨重伤亡后撤退。

2月15日，日军联合伪军在中国苏北地区展开"清乡"。

2日17日，日军在广州湾登陆。

3月10日，陈纳德指挥的美国空军第十四航空队开始在华作战。

3月13日，日本首相东条英机到南京访问汪伪政权。31日，访问伪满洲国。

3月20日，中共中央政治局在延安召开会议。这次会议从组织上彻底完成了自遵义会议以后对王明"左"倾错误的纠正和毛泽东在全党地位的确立。毛泽东正式担任中央政治局主席和中央书记处主席，重新组成了毛泽东、刘少奇、任弼时三人书记处。

3月21日，希特勒由斯摩棱斯克返回"狼穴"时，座机被反抗运动成员安置一枚炸弹，因机件失灵未爆。

4月10日，北非英军攻占突尼斯东岸斯法克斯。

4月18日，日本联合舰队司令官山本五十六座机被击落。

4月19日，波兰华沙犹太人隔离区爆发反希特勒起义。5月16日，起义被德国党卫军和盖世太保血腥镇压，7000犹太人战死，

约6000人被烧死或处决，5.6万余人被送进集中营。

5月5日至15日，太行区八路军主力部队与地方武装合力击溃日军"扫荡"，歼敌2000人。5月17日，晋察冀军民粉碎日军"扫荡"。这次"扫荡"从4月19日开始。八路军避强击弱，积极开展游击战争。经过一个多月的反"扫荡"，毙伤、俘虏日伪军近3000人。

6月6日，国民党将领胡宗南至洛川召开军事会议，准备分兵9路进攻延安。会议前后，国民党军队45万人包围陕甘宁边区，制造了第三次反共高潮。

5月13日，德国非洲军团在突尼斯邦角投降，15万人被俘。

6月9日，共产国际正式宣布解散。

7月5日，王稼祥发表《中国共产党与中国民族解放的道路》，纪念中国共产党成立22周年和抗战6周年。在这篇文章里第一次提出了"毛泽东思想"的概念。

7月5日，德国集中重兵，从奥廖尔和别尔哥罗德发动进攻，妄图攻占库尔斯克突出部，夺回战略主动权。这是一场有史以来规模最大的坦克战。双方共投入1200辆坦克激战。12日，苏军转入反攻。

7月7日，国民党军队向陕甘宁边区发动进攻。朱德总司令再电蒋介石、胡宗南，促其迅速制止挑衅。

7月10日，盟军在意大利西西里岛实施大规模海、陆两栖登陆。24日盟军占领意大利西西里的巴勒莫。

7月25日，意大利墨索里尼辞职，离开王宫时被捕。9月12日，囚禁在罗马附近的墨索里尼被德国伞兵劫走。15日，墨索

里尼宣布建立共和法西斯党，自行恢复他在意大利法西斯党内的最高领导地位，出任法西斯政府首脑。23日，墨索里尼以萨罗为首都，宣布成立"社会共和国"（"萨罗共和国"）。

8月3日，国民党政府主席林森去世。蒋介石兼代主席。

9月2日，盟军在意大利南部登陆。

9月6日，国民党在重庆召开五届十一中全会。蒋介石继任国民党政府主席。

9月16日，日军动用4万余兵力对晋察冀北岳区进行"毁灭性扫荡"。

9月下旬，日伪军5000余人"扫荡"河北阜平县，在阳平村一带残杀村民752人，在贾家口残杀村民400余人。

9月27日，毛泽民、陈潭秋等在新疆被省主席盛世才杀害。

10月1日至19日，日军2万余在冈村宁次指挥下"扫荡"太岳区抗日根据地，被根据地军民击退。

10月13日，意大利巴多格里奥政府对德国宣战。

11月22日至26日，中、美、英3国首脑在开罗举行会议。蒋介石、罗斯福、丘吉尔共同商讨联合对

日作战计划、击败日本后如何处置日本等问题，会后签署了《开罗宣言》。

11月27日，美国参议院通过废除限制华人移民法案。12月27日，罗斯福签署该法案，并发表声明。

11月28日至12月1日，罗斯福、丘吉尔、斯大林在德黑兰举行第一次三国首脑会议。讨论分割德国问题和霸王计划的实施。斯大林宣布德国投降后苏联将对日作战。

11月29日，南斯拉夫成立民族解放委员会，铁托任主席，并被授予元帅称号。

12月2日，广东人民抗日游击队东江纵队正式成立。

12月3日，日军侵陷中国湖南常德。守卫常德的第七十军第五十七师与日军激战15昼夜，除个别突围外，全部战死。4日，中国增援部队抵达常德，日军全线退却。9日，中国军队收复常德。

12月13日，美国出动1462架飞机对德国进行开战以来最大规模的昼间空袭。

12月17日，美国国会废止排华法。

12月24日，盟军3000架飞机猛轰法国海岸德国占领军。

1944年1月9日，南京汪伪政权正式对英、美宣战，并与日本发表共同作战的联合声明。

中国农历乙未年
（公元 1955.01.24—1956.02.11）

2月7日，柬埔寨举行全国公民投票，支持西哈努克政府。

2月8日，苏联部长会议主席马林科夫被解职，布尔加宁继任。

2月9日，美国参议院批准美蒋"共同防御条约"。

2月13日，中国人民解放军解放大陈岛、渔山列岛、披山岛等岛屿。到26日，浙江沿海所有敌占岛屿全部解放。

2月23日，东南亚条约组织在泰国曼谷举行第一次理事会会议，决定对柬埔寨、老挝和越南给予"援助"。

3月1日，中国人民银行发行第二版新人民币，新旧币的折合比率为1元等于1万元。

3月1日，美国国务卿杜勒斯在越南西贡就整编南越军队、加强统治等问题和吴庭艳举行会谈。

3月10日，中国全国文联决定在全国文艺界开展反对资产阶级思想的斗争。

3月12日，美国黑人爵士乐之王查利·派克突然病逝，终年34岁。这位萨克斯管吹奏者，被认为是疯狂、急促的爵士乐演奏家。

3月21日至31日，中共全国代表大会在北京召开。会议一致通过《关于发展第一个五年计划草案的决议》《关于高岗、饶漱石反党联盟的决议》《关于成立党的中央和地方监察委员会的决议》。

3月25日，中国人民志愿军开始从朝鲜民主主义人民共和国撤退回国。

4月5日，英国首相丘吉尔因年龄和健康原因辞职，安东尼·艾登继任首相。

4月7日，中国宣布结束同德国之间的战争状态。

4月11日，参加亚非会议的中国、越南代表团工作人员及随同前往的中国、波兰、奥地利记者共11人，因所乘印度国际航空公司包机"克什米尔公主"号自香港前往雅加达途中爆炸，全部遇难。

4月18日至24日，周恩来率中国代表团出席万隆会议。在23日举行的八国代表团团长会议上，周恩来就台湾地区问题发表声明："中国政府愿意同美国政府坐下来谈判，讨论和缓远东紧张局势的问题，特别是和缓台湾地区的紧张局势问题。"

4月18日，德国出生的美籍物理学家艾伯特·爱因斯坦逝世，终年76岁。他最重要的贡献是建立了狭义相对论；并在这基础上推广为广义相对论。因理论物理学方面的贡献，特别是发现光电效应定律，获1921年诺贝尔物理学奖。

4月28日，法军撤出越南。

5月9日至11日，北大西洋公约组织理事会在巴黎举行会议，正式接纳联邦德国为会员国。5月5日，巴黎协定正式生效，德意志联邦共和国获得独立地位。4 天后，联邦德国加入北大西洋公约组织。

5 月 14 日，阿尔巴尼亚、保加利亚、匈牙利、民主德国、波兰、罗马尼亚、苏联和捷克斯洛伐克 8 国，在华沙签订《友好互助条约》。

5 月 27 日，香港新闻处发表关于"克什米尔公主"号失事事件特别公告，称爆炸物系在香港停留时被安放在飞机上的。

6 月 11 日，在法国勒芒 24 小时汽车赛中发生严重事故，一辆梅塞德斯赛车撞入观众席后爆炸，死 70 人，伤 100 多人。

6 月 22 日至 29 日，世界和平大会在芬兰赫尔辛基举行，68 个国家的 1800 多位代表出席，并发表《世界和平大会宣言》。

6 月 25 日至 7 月 7 日，越南民主共和国主席胡志明率团访问我国。毛泽东主席亲自前往机场迎接。

7 月 1 日，中共中央发出《关于开展斗争肃清暗藏的反革命分子的指示》。肃反运动主要在国家机关、人民团体展开。

7 月 5 日至 30 日，中国全国一届人大二次会议通过《兵役法》。

7 月 15 日，美国迪斯尼乐园正式向公众开放。

7 月 31 日，中共中央主席毛泽东在省委、市委、自治区党委书记会议上作"关于农业合作化问题"的报告，认为"在全国农村中，新的社会主义群众运动的高潮就要到来"。

8 月 22 日，以色列和埃及在加沙地带发生战斗。

9 月 1 日至 11 月 21 日，中国全国工商业联合会为推动全国工商业者积极接受社会主义改造在北京开会。会议通过了《告全国工商界书》。

9 月 16 日，阿根廷发生军事政变。

9 月 27 日，授衔、授勋典礼在北京举行。毛泽东主席将授予元帅军衔的命令状分别授予朱德、彭德怀、林彪、刘伯承、贺龙、陈毅、罗荣桓、徐向前、聂荣臻、叶剑英。将一级八一勋章授予朱德等 131 人、独立自由勋章授予朱德等 117 人、一级解放勋章授予朱德等 570 人。

10 月 26 日，奥地利议会通过宪法性法案，宣布永久中立。

11 月 12 日，摩洛哥爆发反法大示威。

11 月 15 日，日本自由党和民主党合并组成日本自由民主党。

11 月 16 日至 24 日，中共中央宣布把对私营工商业的社会主义改造，从个别企业的公私合营推进到全行业公私合营的阶段。

11 月 19 日，中国已有近半数的私营商业分别纳入各种形式的国家资本主义轨道。

12 月 13 日，联合国安理会通过决议，接纳阿尔巴尼亚等 16 个国家为联合国会员国。苏联在接纳日本加入联合国问题上，行使了否决权。

12 月，民主德国总理格罗提渥来访时，将 3 本《永乐大典》交还中国。

中国农历丁未年

（公元 1967.02.09—1968.01.29）

2月10日，中国外交部就苏联公民连续4天在中国驻苏使馆前捣乱，撕毁大使馆橱窗照片，闯进使馆办公重地的严重事件，向苏提出强烈抗议。

2月24日，"上海人民公社"改称"上海市革命委员会"。

2月，中国领导人谭震林、陈毅、叶剑英等因反对林彪、江青乱党乱军的阴谋，被诬为"二月逆流"，遭到批判。

2月14日，中南美和加勒比海14个国家，签署在各国境内禁止、使用和保存核武器的条约。

2月26日，5艘美国军舰轰击北越海岸上的供应线和弹药军火库。

3月16日，中央文革小组制造了薄一波、安子文、杨献珍等"61人叛徒集团案"，以此作为向刘少奇开炮的重型炮弹。

3月18日，美国一艘巨型油轮在多佛海峡触礁，造成20世纪危及英国海岸最严重的海洋石油污染。

3月19日，中共中央发出《关于停止全国大串连的通知》，取消原定的当年春暖后进行大串连的计划，全国大串连逐渐停止。

3月30日，北大西洋公约组织正式关闭在法国的军事总部。

4月7日，以色列向叙利亚发动大规模武力进攻。

4月15日，美国纽约10万人举行声势浩大的示威游行，反对美国出兵越南。

4月19日，联邦德国第一任总理阿登纳去世，终年91岁。

4月23日，斯大林的女儿、42岁的斯维特拉娜·阿里卢耶娃向美国驻印使馆要求政治避难，获得允许，到达纽约并举行记者招待会。

4月27日，加拿大蒙特利尔万国博览会开幕。

5月9日至6月15日，革命现代京剧《红灯记》《智取威虎山》《沙家浜》《海港》和《奇袭白虎团》，革命现代芭蕾舞剧《红色娘子军》和《白毛女》，革命交响音乐《沙家浜》等8个样板戏，在京会演。

5月30日，尼日利亚爆发内战。

6月5日，阿以战争爆发。以色列空军对阿拉伯国家25个机场发动突然袭击，击毁了埃及、约旦、叙利亚、伊拉克的几乎全部飞机。同日，以色列装甲部队横穿西奈半岛全境，8日进抵苏伊士运河。7日，以色列军占领叙利亚的戈兰高地。埃及军队约万人被俘，包括5000名军官。

6月8日，以色列的鱼雷在西奈半岛以北15英里的公海中击中美轮"自由号"，美国水手死34人，伤75人。以色列政府立即道歉并赔偿损失。

6月10日，苏联与以色列断绝外交关系。

6月17日，中国自行设计、自行制造的第一颗氢弹在中国西部上空大气层试爆，获得成功。

6月20日，美国职业拳击运动员、世界重量级拳击冠军阿里，因反对越战拒服兵役，被吊销拳击执照，剥夺世界冠军称号。

6月29日，中国政府坚决抗议缅甸政府的反华排华暴行。

6月30日，46个国家的代表在瑞士日内瓦签署关税和贸易总协定。

7月6日至11日，美国国防部长麦克纳马拉访问南越。

7月12日，美国纽约州、新泽西州发生种族骚乱。23日至30日，底特律又爆发种族骚乱，40人丧生，2000余人受伤，7200人被捕。国民警卫队在军队的支援下镇压了骚乱。

8月21日，1架美军A-6型舰载攻击机侵入中国广西某地上空，被击落。

8月24日，英国麦克唐纳内阁辞职。25日，麦克唐纳组成由保守党、自由党和工党组成的"国民联合内阁"。

8月30日，中国政府要求英国政府必须在48小时内撤销对香港3家爱国报刊的停刊令，释放所有被捕的爱国新闻工作者。

8月底，中央文革小组成员王力、关锋被隔离审查。

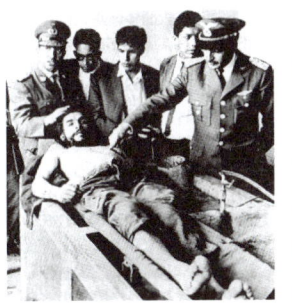

10月8日，古巴革命家切·格瓦拉在他领导的游击队与玻利维亚政府军的一次交战中身亡。又一说他是被俘以后遭害的。

10月17日，清朝末代皇帝爱新觉罗·溥仪在北京病逝。溥仪于1908年登位，年号宣统。1912年退位。1932年，他在侵华日军策划下任伪满洲国"执政"。1959年获特赦，后任全国政协委员。著有《我的前半生》。

10月21日，美国各地群众3万多人向华盛顿和平大进军，反对越南战争。

11月18日，英镑从1英镑兑2.80美元贬至2.04美元，以阻止国际收支逆差的增加。

12月1日至8日，美国40个反战团体发起停止征兵周，在纽约举行大规模游行示威。

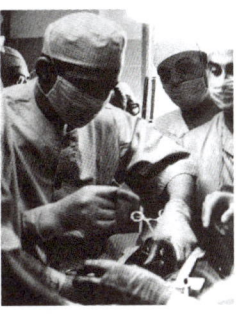

12月3日，克里斯蒂·巴尔纳德医生，在南非开普敦的一家医院进行了世界首例心脏移植手术，53岁的患者于手术18天后死去。

12月17日，澳大利亚总理哈罗德·霍尔特游泳溺死。

1月5日，上海掀起"一月风暴"。

中国农历己未年
（公元 1979.01.28—1980.02.15）

1月30日，邓小平副总理在华盛顿说："用什么方法解决台湾回归祖国的问题那是中国的内政。""我们不再用'解放台湾'这个提法了。只要台湾回归祖国，我们将尊重那里的现实和现行制度。"

2月1日，伊朗宗教领袖阿亚图拉·霍梅尼在流亡14年后从巴黎回到德黑兰。5日，他任命迈赫迪巴扎尔甘为总理，组织临时政府。12日，临时政府正式接管国家权力。18日，伊朗宣布与以色列断交。

2月6日，巴基斯坦最高法院宣布维持对前总统布托的死刑判决。4月4日，布托被处死。

2月17日，中国边防部队在广西、云南边境地区对越南武装入侵者进行自卫反击。3月16日，自卫反击战结束。

3月13日，欧洲经济共同体九国首脑理事会会议，决定新欧洲货币体系正式生效。

3月，著名指挥家小泽征尔率美国波士顿交响乐团访华。这是"文革"后第一支外国交响乐团来中国演出。

3月28日，美国宾夕法尼亚洲三里岛发电厂的一个高压水反应堆

的铀核因加热过度，导致放射性物质外泄，周围地区成千上万的居民被迫逃离家园，引发抗议浪潮。

3月28日，英国工党政府在下院的信任投票中因一票之差败北。29日，卡拉汉首相宣布将于5月举行新的大选。

3月30日，英国反对党的北爱尔兰事务发言人艾雷·尼夫被爱尔兰共和军安置的一颗汽车炸弹炸死。这颗炸弹是在尼夫的汽车离开下院地下停车场时爆炸的。

3月30日，邓小平在中共中央宣传部"理论务虚会"上发表讲话，提出必须坚持"四项基本原则"。

4月3日，中国人大常委会决定不延长即将期满的"中苏友好同盟互助条约"。

4月5日至28日中共中央召开工作会议，决定对整个国民经济实行"调整、改革、整顿、提高"八字方针。

4月23日至30日，埃及先后同科威特、沙特阿拉伯、卡塔尔、阿联酋、毛里塔尼亚、巴林、黎巴嫩、摩洛哥、突尼斯、阿拉伯也门、伊朗等国断绝外交关系。

5月3日，英国举行大选，保守党以赢得44个席位的绝对多数获得胜利。5日，53岁首相玛格丽特·撒切尔夫人组成保守党新政府，成为英国历史上第一位女首相。

5月8日至12日，第十届伊斯兰国家外长会议举行，会议决定中止埃及的伊斯兰国家会议成员资格。

5月25日，美国一架DC-10客机坠毁，机上270人全部遇难。

6月18日，美国总统吉米·卡特与苏联

领导人列昂尼德·勃列日涅夫在奥地利维也纳的霍夫堡签署了第二阶段限制战略武器条约。条约为双方洲际导弹运载系统的数量设定了等同的最高限额，并规定了新武器发展的限度。还规定削减现有进攻性武器库存。两国领导人称这一条约是"对防止核战争和发展缓和局势做出的实质性贡献"。条约受到北约欢迎，但没有得到美国参议院的批准。

7月16日，苏联边防军人在中国新疆维吾尔自治区塔城县铁尔沙地区开枪打死打伤中国公民。24日，中国向苏联政府提出强烈抗议。

7月16日，伊拉克总统贝克尔辞职。萨达姆·侯赛因接任伊拉克革命指挥委员会主席、共和国总统，并组成以他本人为总理的新政府。

8月15日，22岁的英国赛跑选手塞巴斯蒂安·科在瑞士苏黎世创造男子1500米世界记录。在短短的41天中，他还接连创造了800米、1英里的新的世界纪录，成为田径赛场上的传奇人物。

9月2日，柬埔寨游击队在吴哥乘越南侵略者庆祝越南国庆时炸死18名苏联顾问。3日，苏联人在察看被炸现场时又有6名苏联顾问被炸死。

9月16日，阿富汗总理哈菲祖拉·阿明发动政变，杀死革命委员会主席塔拉基，接替他的职务。18日，宣布出任人民民主党中央委员会总书记，并负责领导"保卫祖国最高委员会"。

10月1日，世界黄金价格猛涨，每盎司突破400美元。10月26日突破500美元。

10月25日，国际奥委会执委会在日本名古屋会议上以压倒多数通过决议，承认中国奥委会的合法席位。同年11月，国内外体育界在北京人民大会堂举行了盛大的庆祝会，邓小平、邓颖超等中央领导人出席。邓颖超发表了热情洋溢的讲话，深情地说："从此中华人民共和国全面登上了世界体育舞台。"

10月26日，南朝鲜总统朴正熙在内讧中被中央情报部长金载圭枪击毙命。总理崔圭夏被任命为代理总统。

11月4日，伊朗首都一批学生占领美国大使馆，扣押60多名美国人作人质，要求美国把在纽约治病的前伊朗国王巴列维引渡回国受审。伊朗外交部发表支持学生行动的声明。

11月20日，中国内地通往西藏的第三条航空线西安—拉萨航线正式开通，全长2300公里。

11月25日，中国"渤海二号"钻井船在渤海湾迁移井位的拖航作业途中翻船，死亡72人。此后，石油部长宋振名被解职。

12月6日，北京市革命委员会发出通知，不得在月坛公园以外张贴"大字报"，取缔"西单民主墙"。

12月27日，苏联武装干涉阿富汗。

中国农历辛未年
（公元 1991.02.15—1992.02.02）

2月18日清晨，爱尔兰共和军向伦敦再次发动恐怖攻击，一枚炸弹在维多利亚车站爆炸，炸死一人，炸伤多人。一枚同样的炸弹又在帕丁顿车站爆炸，但无人受伤。此前不久，爱尔兰共和军还制造了一起袭击事件。一辆货车停在近卫骑兵路与白厅两街拐角处，该地距内阁正在开会的唐宁街仅200码。袭击者打开车顶，朝唐宁街射击了三发迫击炮弹，其中一发落在唐宁街10号的后花园里，震碎首相府内阁会议室的玻璃窗。那辆货车接着起火燃烧。

2月24日，因伊拉克入侵科威特，多国部队在海湾地区发动地面攻势。

联军分三路攻入伊拉克和科威特。伊拉克的抵抗在联军的进攻面前，很快土崩瓦解。28日，科威特解放，海湾战争停火。

2月26日，北京市人民政府向中国奥委会提交了《举办2000年第27届奥林匹克运动会申请书》。1991年4月11日，经国务院批准，北京2000年奥运会申办委员会成立。

3月21日，英国政府宣布停止征收人头税。

4月4日，意大利发生轮渡失事事件，140人遇难。

5月14日，林彪、江青反革命集团案主犯江青保外就医期间，在北京她的住所自杀身亡。

5月16日至19日，应苏联总统、苏共中央总书记戈尔巴乔夫的邀请，中共中央总书记、中央军委主席江泽民对苏联进行正式访问。

5月21日，前印度总理、国大党领袖拉吉夫·甘地在泰米尔纳德邦斯里佩隆普杜尔遭到暗杀。这位46岁的政治家是英迪拉·甘地之子、印度首任总理尼赫鲁之孙，他当时正要发表竞选演说，就在此时，一个年轻妇女上前向他献了一束花，并引爆了捆在她身上的炸药。这次谋杀事件被归咎于是泰米尔分离主义者所为，使整个国际社会感受到强烈的冲击波。许多国家元首参加了在德里举行的拉吉夫的葬礼。

5月至7月，中国多省遇到建国以来罕见的洪涝灾害。江苏、安徽、浙江、四川、河南、湖南、贵州、湖北、吉林、黑龙江等地又连遭洪涝灾害。全国共有3.6亿亩农作物遭灾，其中成灾面积2.1亿亩，绝收4827万亩；因灾死亡5113人；倒塌房屋498万间；造成直接经济损失779亿元人民币。

6月7日，国务院发出《关于继续积极稳妥地进行城镇住房制度改革的通知》。

6月12日，鲍里斯·叶利钦当选俄罗斯联邦总统。他曾历任苏共中央政治局委员、苏共莫斯科市委第一书记、苏联俄罗斯联邦最高苏维埃主席等职。1990年7月退出苏联共产党。2007年4月，叶利钦因心脏病加重在莫斯科突然逝世，年76岁。

7月1日，华沙条约组织在捷克首都布拉格正式解散。

7月9日，中国第一台载人式"水下机器人"

研制成功。

7月31日，布什与戈尔巴乔夫在莫斯科签署削减战略核武器协定。

8月8日，于1986年4月17日在黎巴嫩贝鲁特被绑架的英国人质约翰·麦卡锡获得自由，与他女友吉儿·莫雷尔团聚。莫雷尔曾不倦地开展使他获释的运动。

8月19日，苏联执强硬路线的共产党人宣称废黜戈尔巴乔夫总统，派坦克开入了莫斯科的街道。新政府宣布进入紧急状态，禁止政党活动和游行示威，实行严格的新闻检查。在军队迅速迫近时，俄罗斯联邦总统鲍里斯·叶利钦成为反对政变的中心人物。几千示威者无视政府发布的戒严令，向亚纳耶夫的部队公开表示他们反对政变。由于得不到军队支持，新政府很快就垮台了。21日，戈尔巴乔夫总统从克里米亚的别墅回到莫斯科，但是，国家内部的权力平衡已被打破。在几天内，前加盟共和国纷纷宣布独立，苏联共产党被解散。

9月17日，朝鲜民主主义人民共和国与大韩民国一同加入联合国。

10月15日，克拉伦斯·托马斯被批准担任美国最高法院法官。在听证会上，他以前的同事安妮塔·希尔指控托马斯曾对她进行性骚扰，使电视转播收到极高的收视率。

11月15日，英国财阀罗伯特·马克斯韦尔显然是从他停泊在加那利群岛的游艇上掉入水中溺死。此事触发了他负债累累的新闻传媒帝国的崩溃。他大量侵吞养老金一事被披露，由此引发了对马克斯韦尔及其儿子扬和凯文营私舞弊案的调查。

11月27日，长江葛洲坝水利枢纽第二期工程在湖北宜昌通过国家正式验收。至此，这一大型水利水电工程宣告全部竣工。

12月15日，我国第一座自行设计、自行建造的核电站30万千瓦的秦山核电站并网发电。该电站位于浙江省海盐县秦山北麓，满功率发电后，每年可向华东电网输送核电十五亿千瓦时。

12月16日，海峡两岸关系协会在北京成立。这是一个以促进海峡两岸交往，实现祖国统一为宗旨的民间组织。汪道涵当选会长，荣毅仁任名誉会长。

12月21日，俄罗斯等11个独立国家领导人在哈萨克斯坦首都阿拉木图联合举行记者招待会，正式宣告建立独立国家联合体，1922年12月30日成立的苏维埃社会主义共和国联盟不复存在。

12月27日，国务委员兼外交部长钱其琛致电俄罗斯联邦外长，宣布中华人民共和国政府承认俄罗斯联邦政府，还分别致电乌克兰、白俄罗斯等11国外长，宣布承认这些国家的独立，并准备分别进行谈判有关建交事宜。

羊年出生的中外名人

羊年出生的中国名人

曹操（155—220）

曹操是东汉末期的权臣，杰出的政治家、文学家。字孟德。沛国谯县（今安徽亳州）人。20岁以孝廉为郎，参与镇压黄巾起义，被命为典军校尉。因董卓专权，逃离洛阳。散家财聚兵5000人，与以袁绍为首的关东州郡军一起讨伐董卓。董卓西逃后，曹操任东郡太守。192年，曹操领兖州牧，打败黄巾军30余万，收其精锐为部下。

随后，他先后打败袁术、陶谦、张邈、吕布，逐渐壮大成为一支能与袁绍对抗的力量。200年，曹操在官渡之战中以少胜多，打败袁绍，连续攻占原属袁绍的冀、青、幽、并各州，基本统一北方。还将处于困境的汉献帝从洛阳迎到许县（今河南许昌），作为傀儡，使自己拥有"挟天子以令诸侯"的政治优势。他募民屯田，从物质上保证了战争的胜利。曹操精通《孙子兵法》，是迄今所知为此书作注的第一人。他多次下令求贤，要求"唯才是举"。这些都是他力量壮大的原因。208年，曹操进位丞相，率军南征。他进军江陵，与孙权、刘备联军战于赤壁，遭联军火攻大败而归。从此他转向巩固北方的统治。他先后被封为魏公、魏王。

曹操诗歌造诣极高，所作《蒿里行》《步出夏门行》《短歌行》等，以气势磅礴闻名于世。

北魏孝文帝（467—499）

北魏皇帝元宏，鲜卑族政治家。471—499年在位。即位时5岁，政事由其母冯太后主持，相继颁行班禄制、三长制、均田制等。太和十四年（490年）亲政后，继续整饬吏治，加速北魏政权的封建化。不久迁都洛阳，全面改革鲜卑旧俗：规定以汉服代替鲜卑服，以汉语代替鲜卑语，迁洛的鲜卑人以洛阳为籍贯，死后不得归葬平城；又改鲜卑姓为汉姓（如他自己拓跋氏改为元氏）；鼓励鲜卑贵族跟汉士族联姻；参照南朝典章，修改北魏政治制度等。在改革中，曾严厉镇压图谋抗拒的守旧贵族，并处死太子恂。经改革，加强了鲜卑拓跋部的汉化和封建化，促进了民族融合。

唐太宗（599—649）

唐朝皇帝李世民。李渊次子。627—649年在位，年号贞观。隋炀帝大业十三年（617年），随父于太原起兵反隋，进入关中。唐朝建立后，封秦王，任尚书令。后统兵消灭薛仁杲、刘武周、王世充等割据势力，镇压窦建德、刘黑闼等农民起义军，成为统一战争中的主要统帅。

武德九年（626年）发动"玄武门之变"，次年即皇帝位，改元贞观。在位期间，推行均田制、租庸调法和府兵制度。吸取隋王朝的败亡教训，竭力把赋役剥削控制在法定范围内，并耐心听取和接受意见，从谏如流；发展和完善科举制度，在统治阶级中努力做到不计亲疏、门第、种族选拔人才；下令编修《氏族志》，以现行官爵高低定门户等第；削弱门阀制度影响，抵抗少数民族统治者对内地的侵扰。贞观四年（603年）击灭东突厥。在蒙古草原设置了行政机构。九年，击败西部的吐谷浑。十四年消灭高昌，打通了西域门户。十五年，以文成公主出嫁吐蕃赞普松赞干布，使汉藏两族人民的关系空前密切。

杨贵妃（719—756年）

杨贵妃是唐朝玄宗的皇妃。她是蒲州永乐（今山西永济）人，小名玉环，又号太真，父母早亡，由叔父抚养。她容貌出众，天资聪慧，善于音律，被选为唐玄宗儿子寿王李瑁的王妃。后来被唐玄宗看中，千方百计把杨玉环变成自己的妃子。745年，她被册封为贵妃，极得玄宗宠爱。对杨贵妃的要求，唐玄宗百依百顺，为了让她吃到鲜荔枝，唐玄宗便派人从离长安数千里之遥的南方飞马送来。杨贵妃一人得宠，杨家兄弟姐妹都随之鸡犬升天，享尽荣华富贵，杨贵妃的堂兄杨国忠官至宰相，权倾朝野。唐玄宗渐渐不理国政，专事享乐，政治极其黑暗。755年，军阀安禄山利用天下对杨氏家族的不满发动叛乱，唐王朝从此由盛而衰（史称"安史之乱"）。756年6月，安禄山的叛军攻占潼关。唐玄宗在御林军护卫下逃往四川。一路上人困马乏，又缺乏粮食，早已对杨氏兄妹不满的士兵哗变，杨国忠和杨贵妃的两个姐姐都被杀死。士兵们还要求唐玄宗杀死杨贵妃，唐玄宗无奈，只好让随从用白绫将其绞死于一座佛堂。"三千宠在一身"的杨贵妃就这样凄惨地结束了她那短暂的生命。

杜牧（803—852）

唐代诗人。字牧之。京兆万年（今陕西西安）人。宰相杜佑之孙。26岁中进士，曾任黄、池、睦、湖等州刺史，晚年任中书舍人，居长安城南樊川别墅，后世因称杜樊川。有《樊川文集》传世至今。

杜牧生活在内忧外患日益加深的晚唐时期。他从青年起就有挽救危亡、恢复唐朝繁荣的理想。23岁时写下著名的《阿房宫赋》，借秦事讽谏敬宗的奢华。但现实使他的理想落空，他耿直的性格，又使他仕宦不得意。苦闷之余他纵情声色，颓废放任。他的文学创作有多方面的成就。诗歌与李商隐齐名，并称"小李杜"。散文多写针砭时弊的内容，语言流畅、笔锋犀利。《阿房宫赋》融入了散文的句式和笔法，对后来赋体的发展有很大影响。

欧阳修（1007—1072）

欧阳修是北宋政治家、文学家。字永叔，号醉翁、六一居士。吉州永丰（今属江西）人。欧阳修小时丧父，在母亲的抚育下刻苦读书。1030年中进士，第二年任西京（洛阳）留守推官。以后官至枢密副使、参知政事。早年他支持范仲淹变法，要求在政治上有所改良，因此几次被贬。王安石推行新法时，他上书指出"青苗法"的缺陷，与当权者意见不合。1071年辞官，第二年去世，得到"文忠"的谥号。

欧阳修在文学上成就很高，是"唐宋八大家"之一。他以自己在政治上的地位和在文坛的影响，高举古文运动的大旗，大力奖掖后辈，成为北宋诗文革新运动的领袖。苏轼、苏辙、曾巩等著名文学家都出于他的门下。他的文风不仅影响了宋代的文人学者，而且一直影响多到元、明、清各代。

司马光（1019—1086）

北宋政治家、史学家、散文家。字君实。陕州夏县涑水乡（今属山西）人，人称涑水先生。晚年自号迂叟。卒谥文正，追封温国公，世称司马温公。他的文学成就主要体现在《资治通鉴》上。这本书上起周威烈王二十三年（公元前403年），下终后周世宗显德六年(959)，按年记载一千余年的历史事实。作为通史著作，它体例严谨，结构完整，取材广泛，考证详密；作为文学作品，文笔流畅，叙事清晰，形象生动，有些篇章如《赤壁之战》等，成为历史散文的名篇。

沈括（1031—1095）

沈括是北宋时期的著名科学家、地理学家，是中国历史上不朽的科学巨著《梦溪笔谈》的作者。

沈括的一生有许多重要的发现和发明。他最先发现磁偏角的存在。并用实验验证指南针不是指向正南，而是略微偏东，他的这一发现较哥伦布注意到磁偏角的存在早400多年。

沈括是个既热爱大自然，又勤于思考的人。每到一地，他总是不辞劳累，四处寻访，看到他不熟悉的东西就向人请教，问许多为什么，直到完全明白为止。他观察地理现象细致入微，好多在别人眼里视为一般的现象，他却从不轻易放过。一次，沈括沿太行山北行，看到山崖岩石之间有许多螺蚌的化石和磨圆的石子，经过周密的思考，他提出了沧海桑田的假说，进而推断了整个华北平原的形成过程，在历史上上第一个提出华北平原是黄河、漳河、滹沱河带来的泥沙沉积而成的科学论断。

沈括晚年时，将一生的见闻和研究心得写成了30卷的《梦溪笔谈》这部巨著，它包括天文、气象、数学、地质、地理、物理、化学、生物、医药、冶金、印刷术、文学、历史、音乐、艺术等内容。还有《补笔谈》《续笔谈》等30多种著作，可惜大多失传。

岳飞（1103—1142）

岳飞字鹏举，河南汤阴人。幼年丧父，母亲姚氏深明大义，从小就教育岳飞要报效国家。岳飞20岁时入伍从军，开始抗金生涯。他作战勇猛顽强，又深谋远虑，很快就成为独当一面的统帅。1140年，金国大将完颜宗弼率大军向南宋发动进攻。岳飞在郾城（今河南漯河市郾城区）迎击。完颜宗弼倚仗优势兵力，企图一举灭掉宋军，出动精锐部队——"铁浮图"（重骑兵）猛扑宋军。岳飞先命令骑兵迎战，然后出动步兵持砍刀、利斧，上砍敌兵下砍马腿，"铁浮图"阵脚大乱，纷纷逃命。郾城大捷使南宋政权又一次转危为安。在多年的戎马生涯中，岳飞训练出一支精锐部队——岳家军。他治军极严，赏罚分明，又能体恤部属，身先士卒，深受士兵的爱戴。岳家军号称"冻杀不拆屋，饿杀不打房。"金军也不得不承认："撼山易，撼岳家军难。"岳飞本想率岳家军乘胜追击，不料宋高宗和宰相秦桧一心向金求和，他们罢免了岳飞的兵权，强令班师。秦桧还给岳飞套上"莫须有"的罪名，杀害了这位精忠报国的将领，同时被害的还有其子岳云和部将张宪。

夏完淳（1631—1647）

夏完淳是南明抗清将领，爱国诗人。原名复，字存古。松江华亭（今上海松江）人。完淳自幼聪颖，小小年纪便会作诗写文章，更可贵的是他关心国家大事。14岁跟随父亲夏允彝、老师陈子龙起兵抗清。兵败后父亲投江自杀，以身殉国。夏完淳继承父亲的遗志，变卖家产，作为军饷，又与陈子龙等人再次举义，继续从事抗清斗争。但又失败了，陈子龙也壮烈牺牲。夏完淳四处流浪，打算与其他起义军联合抗清。1647年夏完淳因叛徒出卖被捕押送到南京。审讯夏完淳的是明朝降将洪承畴，夏完淳装不认识他，厉声说："我大明有个洪承畴，那才是个英雄呢，他和清兵血战，威震中外。我虽不能像他一样成为英雄，但我会像他一样为国献身，而绝不认贼作父。"一席话说得洪承畴哑口无言，从此不敢提审。同年夏完淳被清军杀害，死时才16岁。传世的著作有《南冠草》等。

"生为人才，死为鬼雄"，这是人们对少年民族英雄夏完淳的称颂。

努尔哈赤（1559—1626）

努尔哈赤是满族的民族英雄，大金（史称"后金"）的开国君主，清朝的奠基人。满族，爱新觉罗氏。

他起兵之后，用了30多年的时间统一了建州女真和女真各部。命人创制满文，并建立八旗制度，在政治、经济、军事与文化方面采取许多改革措施。1616年，他建立后金政权，定都赫图阿拉（今辽宁新宾）。1618年，努尔哈赤把打击的矛头对准腐朽的明朝政权，率领大军攻克辽东重镇抚顺。明朝政府调集四路大军，号称47万，进军赫图阿拉。当时，努尔哈赤能动用的八旗劲旅只有6万人，但他镇定自若，制订了"任你几路来，我只一路去"的作战方针，在萨尔浒地区5天之内3战3胜，歼灭明军主力4.5万人，取得萨尔浒大战的胜利。又乘胜追击，连续攻陷辽阳、沈阳等70多座辽东城市。到他去世的时候，生机勃勃的后金政权已经在辽东形成与明朝分庭抗礼的局面。努尔哈赤为中国最后一个封建王朝——清朝的开创奠定了基础。

曹雪芹（1715—1763）

曹雪芹是清代小说家。名霑，字梦阮，号雪芹、芹圃、芹溪，先世本来是汉人，后来成为满洲正白旗"包衣"。康熙年间，从曾祖父曹玺起，三代四人世袭江宁织造60年，成了煊赫一时的贵族世家。后因清宫内部斗争激烈，其父曹頫被株连，获罪削官，家产被抄，家道日渐衰微。曹雪芹一生恰值曹家由盛极而衰的时期。曹雪芹晚年移居北京西郊，生活更加贫困。1762年他的小儿子夭亡，曹雪芹悲痛欲绝，一病不起。1763年2月12日终因贫病无医而去世（也有说1764年去世的）。

曹雪芹还是一位诗人，其诗立意新奇，风格近于唐代诗人李贺。他又是一位画家，喜绘突兀奇峭的石头。可惜，他的诗留存下来的不多。曹雪芹最大的贡献是创作了文学巨著《红楼梦》。这部作品的光辉成就达到了中国古典小说的顶峰，对后世家庭社会小说有极大影响。

曾国藩（1811—1872）

曾国藩是晚清重臣、湘军的创立者和统帅。他出生在湖南湘乡偏僻山村的一个地主家庭。曾国藩家教极严，从小就受到严格的封建传统教育，尤其崇尚理学。1838年，他考中进士，进入翰林院，成为军机大臣穆彰阿的门生，屡次得到升迁，10年中7次升官，连跃10级。1852年，他因母亲病逝回乡奔丧。这时，太平天国起义已蓬勃展开，太平军从广西进军湖南，横扫湘江流域。清朝政府大为震惊，命令曾国藩前往长沙办理团练事务。他发现，清朝的八旗兵和绿营兵早已腐败不堪，积重难返，就仿照明朝戚继光的营制，招募农民编成一支新型的地主武装——湘军。1854年，湘军初具规模，曾国藩发布《讨粤匪檄》，誓师出战。不料出师不利，连续在岳州、靖港被太平军击败。他重整旗鼓再战，终于使湘军成为太平军的主要对手。1860年，曾国藩就任两江总督，加兵部尚书衔，并以钦差大臣的身分统辖江苏、安徽、江西、浙江四省军务，全权负责镇压太平天国。至1864年7月，湘军终于攻陷天京（今南京），完成对太平天国的镇压，深受清朝倚重。后来，他还奉命到山东、直隶一带镇压捻军起义。

在镇压农民起义的过程中，曾国藩重视使用外国军火。此外，他还创办了一些近代军事工业，成为兴办洋务事业的首创者。1872年曾国藩病死于南京，谥号文正。其诗、文、奏章、批牍等辑为《曾文正公全集》。

李鸿章（1823—1901）

李鸿章是晚清重臣。安徽合肥人，道光年间中了进士。先在翰林院任职，太平天国起义爆发后，他回原籍办团练抵抗太平军。1858年他入曾国藩幕任职，因为精明强干，深得曾国藩青睐。1861年他奉命组织淮军，会同外国侵略者合力镇压太平军。1865年他就任两江总督，并调集淮军镇压捻军。对农民起义的镇压使他官运亨通。1870年他任直隶总督兼北洋通商大臣，掌管清政府外交、军事、经济大权。为了富国强兵，他倡导洋务运动，先后开办了一批近代军事和民用工业，还建立北洋海军，是洋务运动的主要提倡者。同时对外国的侵略他则主张不"轻言战事"而要"一意主和"，在主持对外交涉中一贯妥协退让。在19世纪最后30年中国和列强签订的每一个不平等条约，几乎都和李鸿章有联系。特别在中日甲午战争中，由于他的避战求和政策，招致中国战败和北洋海军的覆灭。戊戌变法中，他采取观望态度。1901年他最后一次代表清政府和列强签订《辛丑条约》。同年11月病死。著有《李文忠公全集》。

羊年出生的中外名人

慈禧太后（1835—1908）

慈禧太后是清朝咸丰皇帝的妃子，同治、光绪两朝的实际统治者。慈禧太后是满族叶赫那拉氏，17岁时被选入宫，封兰贵人。她聪明伶俐，很讨咸丰皇帝喜欢，又因生下了皇长子载淳，更受宠爱。她时常参与朝政，为皇帝批改奏章，积累了很多政治经验。1860年，为躲避英法联军，她和咸丰皇帝逃往热河避暑山庄。第二年，咸丰皇帝病死，6岁的载淳继位，由肃顺、端华、载垣等8位大臣辅政。钮祜禄氏和她被尊为皇太后，徽号慈安、慈禧，俗称东西两太后。权力欲极强的慈禧太后本想由自己把持朝政，但8位大臣处处掣肘，她心怀不满，就联合恭亲王奕䜣等贵族官僚发动"辛酉政变"，推翻了肃顺、端华等人的权势，实行两太后"垂帘听政"，实际上大权独揽，成为中国的独裁者。

她勾结外国侵略者镇压了太平天国革命、捻军等农民起义。还兴办洋务，暂时稳定了清朝的统治。1875年，同治帝病死，没有儿子。她立自己4岁的侄子载湉为帝，年号光绪，继续与东太后"垂帘听政"。她对外一向屈膝投降，以国家利益换取一时苟安。对于内部要求变革的主张，进行残酷镇压。1898年9月，发动政变，幽禁光绪帝，废除了大部维新措施，捕杀维新派，使戊戌变法半途而废。20世纪初，面临愈加严峻的内外局势，她也不得不用"新政""预备立宪"等手段来遮人耳目。1908年11月14日，慈太后立年仅3岁的溥仪为帝，年号宣统。次日，慈禧病死，结束了长达47年的统治。

袁世凯（1859—1916）

袁世凯是北洋军阀首领，中华民国大总统，

河南项城人。袁世凯早年靠出卖维新派和镇压义和团运动起家，官居直隶总督兼北洋大臣。他奉命训练新军，豢养了一支完全听命于他的军队，形了一个庞大的封建军事政治集团。清政府很怕他篡位夺权，就以"足疾"为名，勒令他回原籍河南养病。袁世凯不动声色，在原籍打猎钓鱼，时刻准备东山再起。辛亥革命爆发后，清政府只好重新起用袁世凯。他借革命党人的声势逼迫清帝退位，又迫使孙中山保举他为中华民国临时大总统，窃取了辛亥革命的成果。接着，他原形毕露，大肆屠杀革命党人。他派人刺杀了宋教仁，镇压了孙中山领导的"二次革命"。还以出卖国家权利为代价，接受了日本提出的"二十一条"要求中的大部分条款，以换取帝国主义的支持。他迫使国会选举他为正式大总统后，就解散国会，使自己成为终身世袭总统。

1915年12月12日，他公然复辟帝制，改1916年为"洪宪元年"，准备于1916年元旦登极。但是他的倒行逆施激起了全国人民的愤怒，袁世凯于众叛亲离中被迫取消帝制，1916年6月6日，他在举国声讨中死去。

光绪帝（1871—1908）

光绪帝（1875年—1908年在位）名载湉，是醇亲王奕譞的儿子，清朝的第11个皇帝，光绪是他的年号。同治帝死后，慈禧太后立年仅4岁的载湉为帝，自己好继续垂帘听政。光绪帝成人后，慈禧太后虽表面上归政，但实际上仍然掌握国家大权。

这时的中国正面临西方列强相继入侵的多事之秋，光绪帝很想一展宏图，振兴国家。在中日甲午战争中，他坚决主战，但受到以慈禧太后为首的投降派的阻挠，终致惨败。光绪帝不愿做"亡国之君"，决心用变法来求得国家的昌盛。1898年6月11日，他颁布《明定国是诏》，开始戊戌变法，但在慈禧太后为反对下夭折。从此被软禁，1908年病故。

汪精卫（1883—1944）

汪精卫，名兆铭，广东三水人。汪精卫熟读四书五经，18岁中秀才。1903年官费赴日留学。1905年参与组建同盟会。1910年，他谋划刺杀摄政王载沣，因为走漏风声被判处终身监禁，从此名声大噪。武昌起义爆发后，他一直追随孙中山。1925年孙中山病危，就是由汪精卫代为起草遗嘱。同年7月，汪精卫被选为国民政府常务委员会主席兼军事委员会主席。蒋介石发动"四一二"反革命政变后，汪精卫也不甘示弱，发动了"七一五"反革命政变，大肆屠杀共产党人。抗日战争爆发后，他被推举为国民党副总裁，纠集一批民族败类，宣传抗战必败的投降主张。在日本帝国主义的政治诱降下，汪精卫于1938年12月潜逃越南，公开投降日本，成为头号汉奸卖国贼。1940年，他在南京成立汪伪"国民政府"，任"行政院长兼国府主席"，为日本建立"大东亚共荣圈"效力。1944年11月，病死于日本名古屋。

向警予（1895—1928）

中国共产党早期著名的妇女运动领导人之一。原名俊贤。湖南溆行人。1919年毕业于长沙周南女校。1919年参加革命团体新民学会。为了寻求西方的民主、科学，寻求救国救民的真理。同年与蔡和森、蔡畅等去法国勤工俭学。1921年冬回国后加入中国共产党，被选为中共第二届候补中央委员，第三届、第四届中央委员并任中央妇女部长。她曾亲自领导上海丝厂女工和南洋烟厂工人大罢工。1927年后，在中共汉口市委宣传部、市总工会宣传部和中共湖北省委工作。并负责主编湖北省委地下党的刊物《长江》。1928年3月，由于叛徒告密，不幸被捕。于同年5月1日在武汉英勇就义，时年33岁。

徐悲鸿（1895—1953）

徐悲鸿，江苏宜兴人，9岁起学画，后留学日本、法国。留学期间先后到英国、比利时、瑞士、意大利等国参观各大博物馆、美术馆和美术遗址，研究历代名作并临摹德拉克洛瓦、伦勃朗等大师的作品。1927任中央大学艺术系教授，兼任上海南国艺术学院美术系主任。1929年任北京大学艺术学院院长，抗日战争开始后赴南洋、印度举办画展，并将全部收入捐献祖国用于抗日。1945年后任北平艺术专科学校校长。中华人民共和国成立后任中央美术学院院长、全国美术工作者协会主席。

徐悲鸿擅长油画、中国画、素描，能融合中西画法于一体，自成体系。他继承了中国古代画论中关于师法造化的优良传统，毕生致力于美术教育，重视基本技能训练，提倡写实，培养了一批有成就的艺术家，他所建立的美术教育体系至今仍有强大的生命力。

羊年出生的外国名人

米开朗基罗（1475—1564）
Michelaengelo di Lodovico Buonarroti Simoni

文艺复兴时期意大利雕刻家、画家、建筑师和诗人。文艺复兴三杰之一。生于佛罗伦萨附近一个地方官吏家庭。1489年，进入罗伦佐·美第奇所办的艺术学校学习雕刻，一生创作了大量作品。

他的作品以雄健有力、充满激情著称。《大卫像》，塑造了一个具有崇高理想和无穷力量的年轻巨人准备为正义事业奋斗的艺术形象；《摩西像》则表现了坚韧不拔、刚毅不屈，领导人民从外族压迫下解放出来的艺术形象。壁画《创世纪》把被基督教视为有罪的人类表现为挺生于天地之间的巨大力量；《末日审判》则表现了末日审判给人们造成的巨大痛苦，连基督也为之动容，深刻地体现了人的感情。

米开朗基罗把自己全部心血，对理想的追求，对热情的迷醉，对痛苦的体验全部倾注在酷爱的艺术中，对后世产生了极为深远的影响。

约翰尼斯·开普勒（1571—1630）
Johannes Kepler

德国天文学家。出生于军官家庭。1588年入蒂宾根大学，开始接触和研究哥白尼日心说，曾在奥地利一所新教学校任教，讲授数学和天文学。1598年，由于天主教对新教徒的迫害，被迫前往布拉格。1600年，担任旅居该地的丹麦天文学家第谷·布拉赫的助手，1609年，发现了行星运动的两条规律：①行星按椭圆轨道运行，太阳处于椭圆的一个焦点上；②从太阳中心到行星中的连线在相等的时间扫过相等的面积。1618年又发现行星公转一周时间的平方与行星至太阳距离的立方成正比。以上发现合称为开普勒三定律。他捍卫和发展了哥白尼的学说，澄清了太阳系的空间位形。光学研究方面，他把伽利略式望远镜的凹透镜的目镜改用凸透镜，现称开普勒望远镜，1611年他发表的《折光学》一书，提出了大气折射的近似定律和折射望远镜的原理。主要著作《宇宙的奥秘》和《哥白尼天文学概要》，曾被教会列为禁书。

安培（1775—1836）
Andeé—Marie Ampère

法国物理学家。生于法国里昂一个商人家庭，少年时代就表现出对自然科学，特别是数学的惊人天才，知识性趣十分广泛。1814年，参加科学学会。1820年他了解到H·奥斯特在哥本哈根发现：一根通电导线会对磁针发生影响。于是他在此基础上深入研究，连续发表报告，揭示了电和磁之间的关系。他提出磁铁能用通电导线来代替；当两根平行导线的通电方向相同时，彼此吸引；当通电方向相反时，彼此相斥。他还提出绕成螺旋管的导线通有电流时，各方面的作用如同一根条形磁铁。为了阐述这些物理现象，他用分子电流来说明物质的磁性。同样，他认为地球磁场，是由地球内部带电物质形成的从东到西的环流电流所引起的。1822年，他在科学学会上宣读了他的著名公式——安培定律：两根带电导体之间的力的大小，与导线上电流的乘积和导线的长度成正比，与导线间的距离成反比。1827年，他首先推导出电动力学中的基本公式。他最早提出"电动力学"这一名称，是电动力学的创导者。由于他在电学上的成就，人们把他的名字定为电流强度的单位。

普希金（1799—1837）
Aleksandr Pushkin

俄国诗人。生于莫斯科一个贵族地主家庭。8岁时就开始用法文写诗，同时又从保姆那里学到丰富的俄罗斯人民语言。1811年进入为贵族子弟新办的彼得堡皇村学校，1817年毕业，到外交部任职。1819年参加与十二月党人秘密组织"幸福同盟"有联系的文学团体"绿灯社"，写成《自由颂》和《致恰达耶夫》等诗，歌颂自由、抨击农奴制和专制政权。这些诗触怒了沙皇政府，被流放南俄。途中巧遇许多十二月党领袖，又激励他写成许多充满激情的诗。1825年12月，十二月党人起义失败，次年9月新沙皇尼古拉一世赦免他，召他回莫斯科。1831年普希金结婚后迁居彼得堡。1837年为了维护妻子的名誉与法国波旁王朝的亡命者丹特斯男爵决斗，身受重伤而死。

普希金一生共写了800多首抒情诗和十几篇叙事诗，此外写了许多中短篇小说，还有诗剧、政论等。

普希金的重大贡献在于创造了俄罗斯文学语言，确立了俄罗斯语言规范。普希金的作品影响深广，很多都被著名戏剧家改编成戏剧和电影。在中国，20世纪初《上尉的女儿》（又译《俄时隋史》）已有译本。以后普希金的小说、诗歌、散文、戏剧都相继被译成中文，有的甚至有多种译本。20世纪60年代《叶甫盖尼·奥涅金》曾在中国舞台上演出。普希金成为中国人民喜爱的俄国作家之一。

巴尔扎克（1799—1850）
Honoré de Balzac

法国小说家。出生在巴黎南边不远的小城图尔。不久被送到附近的乡村寄养，小学和中学期一直在学校寄宿。离开家庭的孤独生活对他以后的生活和创作产生了很大影响。1816年中学毕业进入大学法科，同时在文科旁听。18岁时开始在诉讼代理人和公证人的办事处当见习生或书记。20岁以后，决定搞文学创作。第一部作品是五幕诗体悲剧《克伦威尔》。此后陆续以笔名发表了十几部作品，有的独立写成，有的与人合作，但大都是粗制滥造的仿作。后巴尔扎克又冒险从事出版业和印刷业，均告失败，负债累累。1828年，他重新进行创作。1929年以真名发表了《舒昂党人》，引起文坛注意。1821年《驴皮记》出版，巴尔扎克获得广泛的赞赏，成为著名作家。到1848年，已创作小说91部，不少是传世之作。1841年，巴尔扎克决定将他以真名发表的今后计划创作的作品以总标题《人间喜剧》出版。

《人间喜剧》的成就是多方面的，首先，它以写实的笔法刻画人物和事件，十分注意细节的真实生动和材料的详细准确，开创了新的现实主义创作方法；其二，它塑造了许多脍炙人口的典型人物形象，为文学宝库增添了不少珍贵财富；再者，它以当时法国社会典型环境作背景，让典型人物在其中活动，从而深刻地反映出社会生活的许多本质问题和基本规律。正因为如此，《人间喜剧》和它的作者多次受到马克思和恩格斯的赞扬，而且长期以来一直为广大读者所喜爱。

萨克雷 (1811—1863)
Weismann，August

英国小说家。出生在印度加尔各答附近。6岁时回英国上学，1829年进剑桥大学。1833年主办《国旗》周刊，同年10月前往巴黎专攻美术，后来半途而废。1836年任伦敦《立宪报》驻巴黎记者，《立宪报》停刊后回国靠写作谋生。1847年《名利场》在杂志上连载以后，被公认为天才小说家。1859年担任新创刊的《康希尔杂志》第一任主编。后于伦敦逝世。他的小说作品较优秀的有《彭登尼斯》《亨利·埃斯蒙德》《纽可姆一家》等。他最好的作品是长篇小说《名利场》，写一个出身下层的美貌少女蓓基·夏泼不择手段向上爬的故事，揭露了资本主义社会中人与人之间以金钱作为衡量标准的冷酷关系以及腐化堕落的时尚。

马克·吐温（1835—1910）
Mark Twain

美国作家，本名塞缪尔·朗赫恩·克莱门斯。出生在密苏里州佛罗里达镇。曾拜师学习排字，1851年在他哥哥开办的报馆中担任排字工，并开始学习写作。1856年以后在密西西比河上作舵手。1862年在内华达州弗吉尼亚城一家报馆工作。1871年举家移居东部康涅狄格州哈特福德。1890年左右为了还债出外旅行演讲，1900年回到美国。

马克·吐温写了许多优秀的短篇小说，如《卡拉韦拉斯县驰名的跳蛙》《竞选州长》《败坏了哈德莱堡的人》等，幽默风趣，讽刺一针见血，矛头往往对准资产阶级头面人物及其恶劣行径。还有几部长篇小说也是他的重要作品。《汤姆·索亚历险记》以淘气的少年汤姆为主人公，写出了种种妙趣横生的儿童故事，深青少年喜爱。《哈克贝利·费恩历险记》(1884)以一个名叫哈克贝利·费恩的少年为主人公，写他乘木筏顺密西西比河而下的种种奇遇。作品不仅幽默风趣，而且思想性较强，对当时社会中的宗教迷信、家族械斗、种族歧视等都有讽刺和揭露。另外几部较重要的长篇小说有《亚瑟王朝廷上的康涅狄格州美国人》《王子与贫儿》《傻瓜威尔逊》《贞德传》等。其中《贞德传》是他唯一的非幽默作品，塑造了一个人民女英雄的形象。

爱迪生 (1847—1931)
Thomas Alva Edison

美国著名发明家、企业家。出身于俄亥俄州农民家庭。家境贫穷，未受过正规教育。12岁当报童，售报之余，自学了大量知识，特别是对自然科学有着极大兴趣。

1869年发明股票行情电报。1872—1875年间，先后发明二重、四重、六重电报机，并与别人合作搞成世界上第一架英文打字机。1876年创立大型科学实验室，潜心发明与人们的生产及生活相密切的电器机械。1877—

羊年出生的中外名人

1879年发明留声机，研制成功白炽灯和电话。1882年试制成功电车。1885年制造了当时世界上最大的发电机。他所发现的热电子发射现象，即爱迪生效应，导致了后来电子工业的创立。爱迪生一生完成了2000多项发明，获得1300多项发明专利权。他的格言是："天才就是2％的灵感加上98％的汗水。"逝世后，美国各地将电灯熄灭1分钟，以示哀悼。

阿伦尼乌斯（1859—1927）
Svante August Arrhenius

瑞典物理化学家。生于瑞典乌普萨拉。17岁进入乌普萨拉大学攻读物理学、数学及化学。为了取得博士学位，他迁到斯德哥尔摩瑞典科学院，在埃德伦指导下研究电解。1883年发表第一篇论文，第二年5月回到乌普萨拉大学进行博士论文答辩，提出他的尚不成熟的电离理论。他的论文受到怀疑被列入第四等勉强通过。大学评议会实际上不承认这篇有创见论文的价值。1886年在阿姆斯特丹和莱比锡大学留学时，物理化学家奥斯特瓦尔德、范托夫等几位卓越的科学家给予他的理论以坚决支持，并同他共同进行研究工作，进一步完善他的理论，使之逐渐得到承认。1887年他在论文《关于溶质在水中离解》中将较成熟的电离理论公诸于世，在1890年以后基本获得公认。1895年阿伦尼乌斯担任斯德哥尔摩皇家理工学院教授，1897年任该院院长；1902年荣获英国皇家学会戴维奖章；1911年当选为该学会的外国会员；1903年因建立电离学说而荣获诺贝尔化学奖。他最杰出的贡献是电解质的电离学说。他最先提出电解质是那些溶于水能形成导电溶液的物质。这些物质在溶液中，即使在没有电流通过的情况下也会分离或解离成带电的微粒（离子），而且溶液越稀电离度越大。1912年出版了《溶液理论》一书。电离学说是物理化学发展初期的重要成就。另一个重要贡献是研究温度对化学反应速度的影响。他用"活化分子"和"活化能"的概念来阐明温度对化学反应速度的影响，并得出"反应速度的指数定律"即阿伦尼乌斯公式，无论均相或多相体系皆适用。由该公式求得的活化能值有重要的理论和实践意义，并对化学动力学理论的发展有十分重要的影响。以其杰出的贡献和奥斯特瓦尔德、范托夫一起成为物理化学的奠基人。在科学上他兴趣很广，晚年他还研究过免疫学，地质学和宇宙物理学。

卢瑟福（1871—1937）
Lord Ernest Rutherford

英国原子核物理学家。1871年生于新西兰纳尔逊。因对元素衰变的研究获1908年诺贝尔化学奖。他证实了放射性元素的衰变和原子的核式结构，并首次实现了元素的人工转变。

1902年卢瑟福和英国化学家索迪在研究钍盐的放射性时发现，钍及其化合物能衰变成一种气体，接着再衰变为一种未知屿"放射性淀质"。他们共同研究了三族放射性元素：镭、钍和锕，并提出放射现象乃是一种放射性元素原子自发地衰变为完全不同的另一种放射性元素原子的过程。卢瑟福在1904年所著的《放射学》一书中总结这方面的研究成果。

1911年，卢瑟福根据α粒子通过金箔的散射实验发现了原子核，并提出了原子的行星模型。他认为，原子有一个密实的带正电的小核心，称为原子核；核聚集了几乎原子的全部质量；围绕原子核的是一些轻而小的带负电的组分，称为电子；电子在一定距离外绕核运转，很像行星绕太阳转动。

1919 年，卢瑟福用 α 粒子轰击氮原子，结果氮原子转化为一个氧原子加一个氢原子，从而实现了第一个人工核反应，也从此宣告了核能研究的新时代。

德莱塞（1871—1945 年）
Robert Hutchings Goddard

美国小说家。生于印地安纳州的特雷霍特镇。12 岁起做店员和报童，17 岁去芝加哥谋生。18 岁时由一个女教师资助进印地安纳大学读书，一年后肄业。从 23 岁起先后在芝加哥《环球报》和纽约《每月》杂志等处任记者和编辑。1904 年担任斯特里特和史密斯出版公司小说部编辑，1905 年任《史密斯杂志》主编，1906 年任《百老汇杂志》主编。1917 年居住在纽约的格林威治村。1927 年 11 月访问苏联，1945 年申请加入美国共产党。同年 12 月于好莱坞逝世。德莱塞的文学成就主要是长篇小说，较优秀的有《嘉莉妹妹》《珍妮姑娘》《金融家》《巨人》《斯多葛》《天才》《美国的悲剧》等。

《金融家》《巨人》和《斯多葛》合称《欲望三部曲》，写一个资本家柯帕乌成长发迹过程，概括了资本主义社会弱肉强食的规律。《美国的悲剧》写一个工头克莱德·格里菲斯为了获得厂主女儿的青睐，淹死已怀孕的情妇的经历，揭示了金钱关系造成人伦丧失的悲剧。德莱塞的创作手法是写实的，某些作品能将弗洛伊德的学说与社会背景的作用相结合，为当时美国小说创作开拓了新天地。

墨索里尼（1883—1945）
Benito Amilcare Andrea Mussolini

意大利法西斯独裁者，国家法西斯党党魁，首相（1922 年—1943 年），第二次世界大战主要战犯。

1883 年生于弗利省普雷达皮奥一个农村铁匠家庭。自幼受国家社会主义思想影响。18 岁毕业于师范学校。但他不甘心过平凡的生活，积极从事政治活动。第一次世界大战后，他利用资产阶级对布尔什维克革命的恐惧和人们对《凡尔赛和约》的不满，纠集一批反动的退伍军人建立了意大利国家法西斯党，他自称"领袖"。在垄断资产阶级的扶植下，法西斯势力急剧膨胀，有 15 万党徒。1922 年 10 月，墨索里尼指挥法西斯党残酷地镇压了各地的人民运动，然后率领 5 万名党徒向罗马进军，迫使国王任命他为首相。极端反动的法西斯专政在意大利建立起来。

在其 21 年的统治期间，他对内取消一切政党，镇压民主运动，宣扬沙文主义和种族主义，对外则大搞扩军备战，自称"新凯撒"，接连发动侵略战争。先是在 1935 年入侵埃塞俄比亚，又在第二年干涉西班牙内战，1939 年又占领阿尔巴尼亚。第二次世界大战爆发后，他先是保持中立，1940 年，他眼见法国败局已定，就趁火打劫，对英、法等国宣战。他的军事冒险连连失败，到 1943 年，意大利已经丢失了在非洲的所有殖民地。7 月，他被国王逮捕。后来又被德军伞兵突击队救出，在德占区成立了傀儡政权，不过，整个法西斯阵营已经穷途末路，墨索里尼本人也无法逃脱应得的惩罚。1945 年 4 月 28 日，他被执行枪决，尸体被倒吊在米兰广场上示众。

编后记

民间美术，在人美社的出书类别中所占的比重不大，但在人美社的选题规划中，却始终占据着重要位置。

追溯到上个世纪中期，初创时期的人美社就有一本《天津杨柳青年画资料集》在1958年莱比锡国际博览会上获得银奖，为新中国的美术出版事业赢得了荣誉。

在过去的六十多年中，人美社坚持把弘扬民族文化作为立社之本，从普及到提高，编辑出版了大量民间美术方面的资料、画册，从建社初期开始出版的《民间蓝印花布图案》《王老赏的窗花艺术》《中国锦缎图案》《宋代北方民间瓷器》《北京皮影》《中国民间玩具》等大量普及读物；到改革开放后的《延安剪纸》（英文版）《风筝》《清末年画》《苏联藏中国民间年画珍品集》等中高端画册；乃致进入21世纪后出版的《中国民间美术全集》，不仅品种丰富多样，其数量，更是多得难以计数（单幅年画曾以百万计进入市场）。

但是随着时代的发展，怎样更好地满足人们多方面、多层次、多样化的需求，又成为出版社一个新的课题。

2002年，我们尝试性地去挖掘民间美术作品中蕴涵的民俗文化，终于找到了"生肖"这样一个可以横向展开的点，于是在2003年末，就有了第一本以图文书的形式制作的《甲申贺岁》。

这本书问世不久，中央美术学院的薄松年教授就给予我们以很大的鼓励。他说："民间节日是民族传统文化中的重要组成部分，以丰富多彩的活动项目，适应人们的生活和心理需要，丰富着人民群众的生活情趣，对传统节日文化中的优秀部分加以整理改造和发扬，将使社会主义文化带有更多的民族色彩和感情，对丰富人民的精神文化，加强民族的自尊心和凝聚力有重要意义。从这一点出发，人民美术出版社编辑的《甲申贺岁》作为第一部节日贺岁书出版，是有很好的创意的。"

专家的肯定，坚定了我们把这套系列书做下去的信心。

《甲申贺岁》出版不久，新加坡时信出版公司购买了该书的版权，主要看中的是海外华人市场。国务院新闻办要求我们每年出版一本英文版的贺岁书，交由我国驻外使领馆发行。不经意间，以民间美术为主要表现形式，伴随着中国民族的、传统的民俗文化走向了世界，这是我们所没有想到的。

转瞬十二年的时间过去了，我们把一套完整的"贺岁书"呈献给了读者。十二年中，贺岁书的出版得到了各方面专家的鼎力支持，冯骥才、黄永玉、薄松年、舒乙、郭子升、吴裕成、刘孝存、王迅、宋长宏、何星亮、何阿君等专家、学者，为本书撰写或提供了稿件。黄苗子、沈鹏、张仃、孙其峰、欧阳中石、刘大为、冯远、熊伯齐等著名书画家，更是欣然为本书题写了书名。在此，谨代表参加本书编辑、设计的工作人员，向他们表示衷心的感谢。

吴本华　　2014.11

总策划
吴本华

编辑
吴本华
刘普生
刘士忠
霍静宇
卢援朝
尹　然
日　高
王铁英
夏　岚
李　巍

图文制作
李　巍
吴建荣

资料提供
邓文凯
孙世巍
孙　杰

编务
张　侠